クラス全員に
達成感をもたせる！

1年生担任のための国語科指導法

―入門期に必ず身につけさせたい国語力―

土居正博 著

明治図書

はじめに　1年生は国語の授業で育てる！

私は、教師になって3年目に1年生をはじめて担任しました。はじめは「つらい」のひと言でした。話を聞いてくれない、指示は通らない、集中ができない……。ところが、そのような状態から、年度終わりには、次のような姿にすることができました。

・やむを得ず私が遅れて教室に行ったときは、自分たちで授業を始めている。
・空いた時間が少しでもあれば漢字練習をしたり、音読をしたりしている。
・帰りの会で「今日の感想を言える人？」と突然聞いても、ほぼ全員の手が挙がる。
・漢字まとめテストを抜き打ちで行い、クラスの平均点が98点を超える。
・全員が国語の教科書をしっかりした声で諳んじることができる。
・朝会の後、突然「校長先生はどんなことを話しましたか？」と聞いても全員の手が挙がる。
・年度の後半には、2時間通して物語について話し合ったり、自分の考えを書いたりする活動を行うことができる。

私が何をしたか。それは「国語の授業に力を入れた」ということだけです。本当にこれだけです。

高学年を受け持っていたときは、子どもたちは自分のことは大体自分でできました。一方、1年生は「何も知らない」まま学校に入ってきます。トイレの使い方や下駄箱の使い方、ロッカーの使い方、給食の配膳の仕方など、「学校生活」のことをすべて「一から」教えなくてはいけません。それらの知識は、その後の小学校生活を通じて、ずっと子どもたちが使う知識です。それらのことは、書店で「1年生」と名のつく本を買ってくれば、書いてあり、教えることができます。

しかし、「一から」教えなくてはいけないのは、学校生活のことだけではありません。

教科の学習に関してもすべて「一から」教えなくてはいけないのです。子どもたちが学校にいる間の時間のほとんどは、「授業」です。子どもたちは小学校に入学し、卒業するまでに、5645時間もの授業を受けます。その中でも言葉の力をつける「国語科」はすべての教科の「基盤」となると私は考えます。他教科も言葉によって学ぶからです。そして、入門期の1年生に、国語科で何をどう教えるか、ということは、すべての教科の「基盤」である国語科の「基盤」を形成することに他なりません。つまり、入門期の1年生への国語の授業は、「子どもの学習面でのすべての基盤を形成する」役割があるということになるのです。

これは、何も「学習内容」に限ったことではありません。教師や友達の話をしっかり聞く、集中して書く、自分の考えをもち、進んで発言する、など、「学習規律や学習に向かう姿勢」も、1年生では他教科に比べて圧倒的に時間数の多い「国語の授業」で培うべきなのです。そんな「極めて重要」な入門期の1年生の国語科指導法を「一から」知っていただけるのが本書なのです。

国語の授業で子どもたちを鍛えしっかり教科の力をつけ、学習規律や学習に向かう姿勢を育てることができれば、対1年生指導はほぼＯＫだというのが、私の実感です。つまり、「学級づくり（経営）」も、授業の中で同時に行っていくのです。ここが重要です。「学級を円滑に進める」ためにも「国語の授業」をしっかりつくるのです。別々に考えてはいけません。なぜなら、先に挙げた「教師や友達の話をしっかり聞く」姿勢などは、そのまま学級の風土や人間関係に直結していくからです。

本書では、1年生への「教科の力を伸ばしながら学級経営もうまくいく」国語科の指導法を提案します。すべて私が実践し、効果があったものばかりです。「話すこと・聞くこと」、「書くこと」、「読むこと」、「言語事項（ひらがな、カタカナ、漢字）」と領域別に述べましたが、基本的にどこから読んでいただいても結構です。1年生なので、非常に基礎的なことばかりですが、それゆえ、2年生、3年生でも、「本当に基礎的なことから手をつけていきたい！」という場合などにも活用可能だと思います。また、目次のマークは学習活動を示していますので、具体的な方策を知りたい方はこちらをお読みください。どの指導においても、「教科の力をしっかりつける」「同時に学習への姿勢、授業規律などを身につける」という2点を念頭に置いて、お読みいただければ幸いです。

土居　正博

目次

第3章 音読と発問でつくる！「読むこと」の指導

第4章 入門期にこそ徹底したい！「言語事項」の指導

序章
1年生の国語指導
知っておきたい
基礎・基本

1　1年生の子どもたちの実態を知ろう―1年生だからこそできること―

1年生担任をすることが決まって、先輩方によく言われたのが、

「いいねえ。1年生担任は教育の原点だからねえ」

という言葉です。

1年生は基本的に、先生が大好きで、勉強が大好きです。ゆえに、基本的には先生が「言えば」その通りにやろうとします。右も左もわからない状態で入学してきている小学校で、担任は唯一無二と言っていいほど限られた「頼れる存在」だからです。それだけ、1年生の子どもにとって「先生」という存在は大きいのです。先生が無条件に信頼され、子どもたちとの間に「教える→教えられる」という関係が最初からでき上がっている―だからこそ、1年生の子どもは本当に「伸び」ます。下と次ページに示したのは、ある子どもが1年生の5月と2月に書いたものです。たった数か月でここまで「伸びる」のです。

下の写真は5月の終わりに書いた「昨日したこと」です。このときは一文書くのがやっとでした。

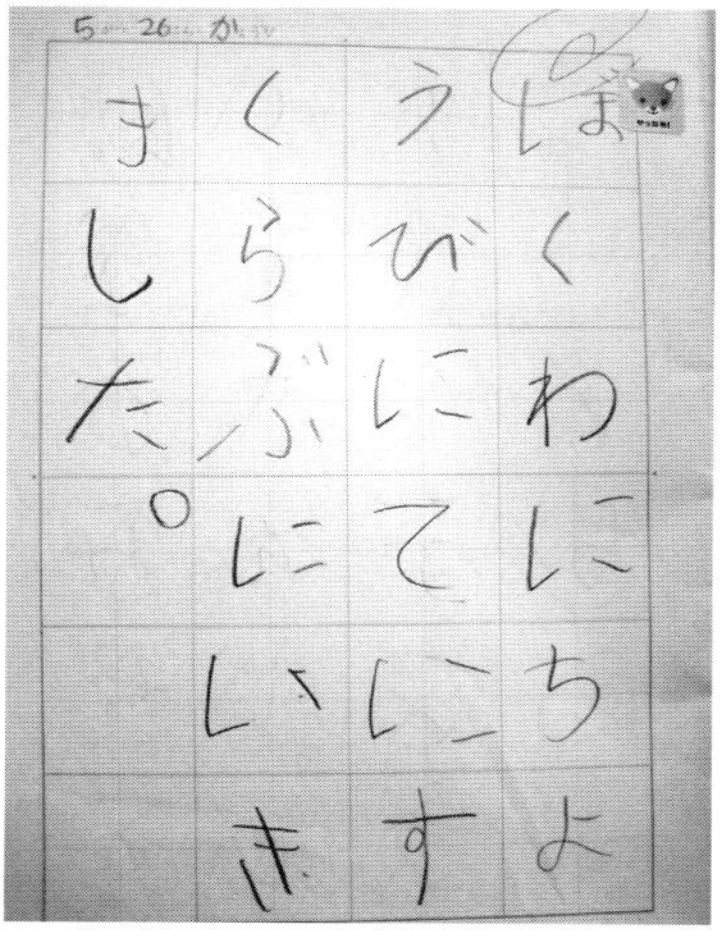

次ページの写真はその9か月後、2月の中旬に学習し

た「どうぶつの赤ちゃん」の対比的な説明の仕方を活用して書いた、「花のヒミツ」という説明文です。対比する観点や例の順番まで自分で意図をもって決めて書いています。指導によって、ここまで伸びるのです。こんなに伸びる学年は1年生以外ありません。

これこそ、1年生が「教育の原点」と言われる由縁でしょう。「1年生担任」ができるということは、とてもやりがいのある素晴らしいことなのです。

また、国語の授業をつくるうえで重要な、1年生の子どもの特徴があります。

それは、「比較するという思考法ができるようになる」ということです。これはとても重要です。西郷竹彦先生も、小学生に身につけさせるべき「モノの見方」を系統づけた「関連・系統指導案」（『文芸研・新国語教育事典』明治図書）で主張されています。本書で紹介する実践でも「比較」を用いるものが多くあります。「悪い例」と「よい例」を比較させることで気づかせていく、教師の提示する例の順番と本文の例の順番を比較させて筆者の工夫に気づかせていく、など、例を挙げればキリがありません。学習内容を指導すると同時に「比較する」思考力も鍛えていくのです。

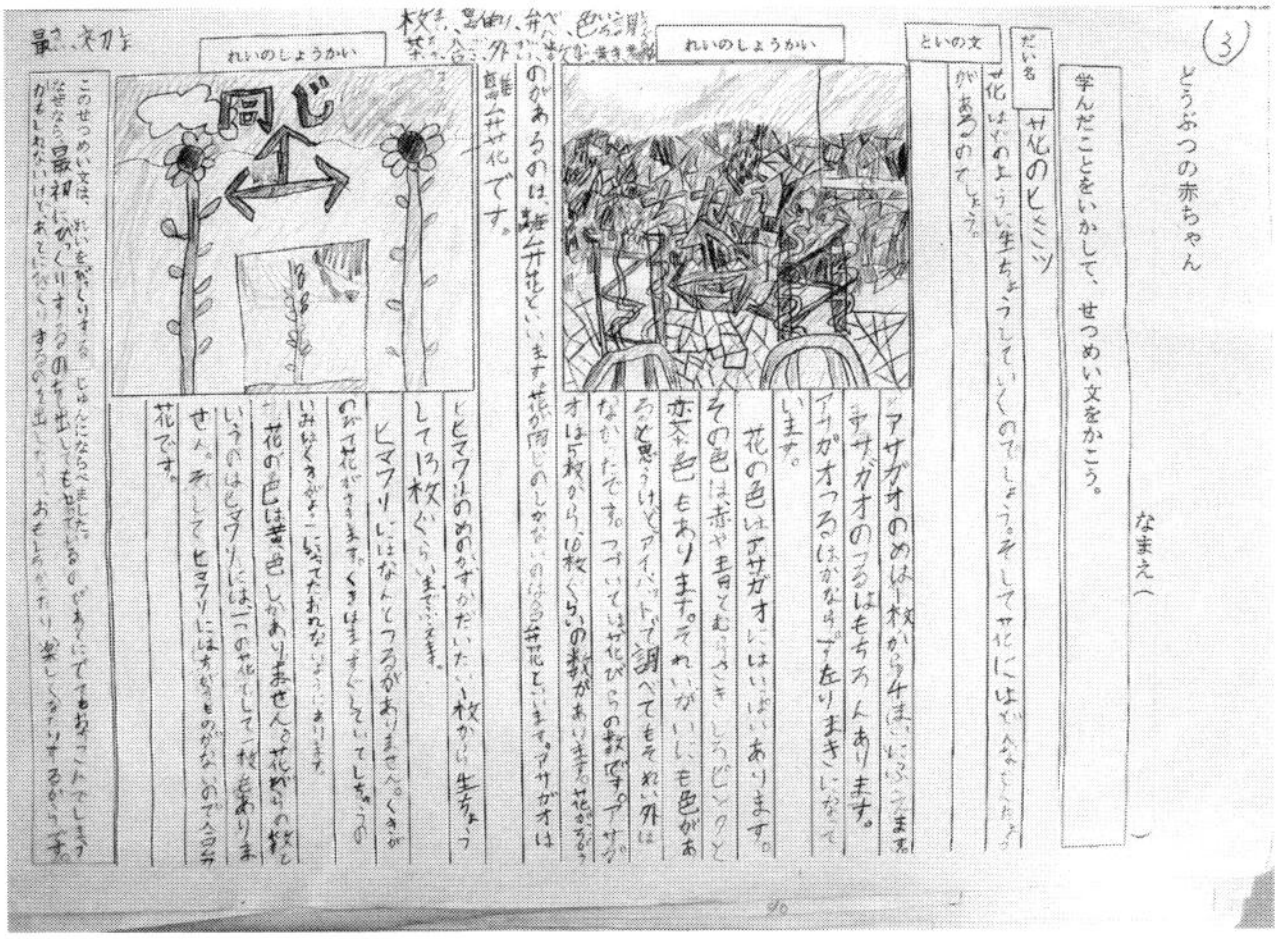

2 「国語の授業」と「学級経営」を並行して子どもを鍛えよう

1年生は学校のことを何ひとつ知りません。また、集中力が続かない、話を聞けない、と授業規律などの面で指導していかなくてはいけないことだらけです。ここで大切なことは、「先生が言っているから、やる」のではなく、「自分で考えて、自分で判断して、やる」という状態を目指すことです。これは全学年共通のことですが、2年生以降の学校生活のことを考えれば、この姿勢を1年生のうちから根づかせることがとても重要です。つまり、「直接的」に口で「こうしなさい」と言って根づかせるのでなく、「間接的」に指導し、「考えさせながら」根づかせていくことが重要だということです。

そこで、授業規律、人間関係などを、「授業」を通して指導していくのです。「授業」で人の話をきちんと聞く。相手の考えを尊重する。そのような姿勢や気持ちを根づかせていくのです。そして、1年生では、「国語の授業」でそれを指導していくのが非常に有効です。なぜなら、1年生の授業のほとんどは国語であり、ここで培う力はすべての教科の基盤になるからです。

しかし、1年生の学級で授業が成立しなくなってしまう、というケースは珍しくないようです。『本当は怖い小学一年生』(ポプラ社)という本があります。ここでは、小1プロブレムを紹介しながら、その原因を「学習のつまらなさ」「授業の充実感のなさ」にあると主張しています。私は概ね、この考えに賛成です。

「集団づくり」や「人間関係の構築」も重要ですが、やはり「授業」で子どもたちに充実感を与えていくこと、「自分は成長している」と一人一人に実感させていくことが「学級を円滑に運営していく」うえでも最も重要なのです。

１年生の総授業時数850時間のうち、306時間が国語の時間です。これが６年生になると、175時間（総授業時数980時間）にまで減少します。どれだけ１年生の全授業に占める国語授業の割合が大きいか、わかっていただけるでしょう。体感的には「１日の授業のほとんどが国語の授業」といった感じです。そんな国語の授業を確かなものにできれば、１年生の「授業」と「学級づくり」は、ほぼＯＫということになります。

3　授業は「区切って」構成＆「使い分けて」デザインしよう

最初は、１年生は非常に短い時間しか集中できません。そのため、はじめから45分間ぶっ続けで同じ活動をするのではなく、様々な学習活動を盛り込み、「区切って」構成しましょう。

45分間を区切って構成する、という考え方は杉渕鐵良先生の「ユニット授業」の考えに通じます。

本書では、私が開発した１年生の入門期に使える活動を多数紹介しています。それらを組み合わせて１時間を構成し、子どもたちの力を伸ばしましょう。

また、先ほども述べたように、1年生は国語の授業が年間306時間もあるので、1日2時間という日もあります。その2時間を同じように教科書単元を進めていくのでは時間が余りますし、子どもも飽きてしまいます。

そこで、2時間の国語を「使い分け」ます。1時間は前述したような「活動」をたくさん盛り込んだ基礎学習中心の「スキル的」な授業に。もう1時間は教科書教材をじっくり読み取ったり、じっくり何かを書いたり、じっくり話し合ったりするのをメインにした時間にするのです。

何かひとつの話題でじっくりと話し合ったり、読み取ったりするのは大切なことです。高学年になればそのような授業が中心となってきますが、1年生に最初からそれを求めるのは難しいでしょう。飽きてしまう子、のってこない子が出てきます。そのため、「スキル中心の」1時間でしっかり基礎学力や集中力をつけながら、「じっくり」と学ぶ時間をのばしていき、「考える」時間も確保していくのです。

いずれ、1年生の後半にはじっくり考える授業だけでも、このように段階を踏めば、子どもたちは取り組めるようになるでしょう。1年生の指導には、こうした「戦略」が必要です。

あくまでも例ですが、1時間の構成の仕方と使い分けを示します。

発達段階ごとの１時間の授業構成

【４月】
ひらがな帳及び言葉あつめ（10分）→単語聞き取り（５分）
→ペアトーク（５分）→音読（10分）→教科書教材（15分）

【５～６月】
●スキル中心
ひらがな帳（カタカナ帳）及び言葉あつめ（５分）
→単語聞き取り（５分）→文づくり（５分）→文聞き取り（５分）
→ペアトーク（５分）→音読（10分）→教科書教材（10分）
●じっくり学習
音読など（10分）→教科書教材（35分）

【７月】
●スキル中心
教科書暗唱（２分）→暗唱チェック（３分）→暗唱書き（10分）
→漢字ドリル音読（５分）→漢字ドリル（10分）
→教科書教材（15分）
●じっくり学習
教科書教材（45分）

【９～10月】
教科書暗唱 or 漢字ドリル音読（５分）→漢字ドリル（10分）
→教科書教材（30分）

【11～３月】
教科書教材（45分）（はじめの５分で教科書暗唱や漢字ドリル音読、漢字ドリルなどを入れてもよい）

第１章
まずはここからスタート！
「話すこと・聞くこと」
の指導

「話すこと・聞くこと」の指導の根幹は、「聞く力・態度」を伸ばすことです。これなしに絶対に「話し合い」の指導などできません。とにかくしっかり聞く力を伸ばします。

しかも、「人の話はしっかり聞きましょう」という直接的指導でなく、間接的指導で子どもに根づかせていく必要があります。なぜなら、口で言ってやらせていることは、いずれ言ってもやらなくなるからです。しかし、自分の頭で考えて「聞かなくちゃ」と思えるようになった子は、何も言わなくても聞くようになります。

国語の授業で「聞く力」を伸ばすのには、子どもの意識を変えなければいけません。1年生というのは他者意識が薄く、自分の話したいことだけを言いっぱなしになってしまい、人の話なんて聞いていません。教師が話していても、すぐに口をはさんできます。私のクラスでも、はじめは5秒黙って聞いてくれればいいほうでした。

M君はその傾向が顕著で、最初の1週間など、私のひと言ひと言すべてに口をはさんできました。こんな具合です。

私「今日の予定を話します」

M「先生、今日の給食は何ー? ソフトクリームがいいなあ。おれ、ソフトクリーム大好き!」

これでは全く話が進みません。

このような1年生の現状を変えるには、彼らに「ショック」を与えることが必要です。それは、直接的に叱って躾けるという意味ではありません。簡単に言えば「話って聞かなくちゃいけないんだ」という価値観を根づかせるということなのです。

さらに、「ショックを与える」ことと同時に大切なのは、「スモールステップで取り組む」ことです。「スモールステップ」は、本書で紹介する実践のほとんどに貫かれているいわば「基本事項」です。１年生にははじめから最後まで話を聞かせるのは、彼らの集中力を考えれば土台無理な話です。そこで、「単語」や「一文」を聞き取る活動を、段階を追ってこまめに入れるのです。それらの活動を繰り返すことで、段々聞く力を高めていきます。

「ショックを与える」「スモールステップで取り組む」。この2点を徹底することで、1年生の子どもの「聞く力」は確実に伸びていきます。

次ページから、「教師や友達の話をしっかり最後まで聞いて理解することができる」ようにしていく指導を紹介していきます。

1　ショックを与える「聞くこと」の指導

(1)　単語を聞き取る指導―ひらがな帳やカタカナ帳を使った「聞き取り」指導―

1年生の子どもに、いきなり長い話をすべて聞かせることはできません。クラスの半分ができればいいほうで、集中できず最後まで聞けない子がほとんどです。また、いきなりハードルの高すぎる課題は、子どものやる気を削ぐことにつながってしまいます。

なぜ1年生は、話をしっかり聞けないのでしょうか。「集中の持続時間の短さ」もあるでしょうが、一番は「聞くことだけに集中する経験が浅い」ということだと私は考えています。

多くの子は、先ほど挙げたM君のように、何かを聞いても、自分の頭で他のことを考えてしまうのです。それが顕著な子は、考えていることを口に出してしまいます。そもそも、聞くことに集中しよう、という姿勢がなく、その経験もほとんどないのですから、当然です。

そのような1年生に対して、「聞くことに集中する時間の確保」と「しっかり聞く姿勢を身につけさせる」ため、まずは、「単語の聞き取り」から始めます。これなら、課題が難しすぎてできないということもありませんし、集中する時間も短くてすみます。「単語の聞き取り」と同時に、語彙の獲得もかなえる、そんな活動の仕組み方を紹介します。

単語の聞き取り学習

活動内容

「ひらがな帳で言葉あつめ」（61ページ）をした後、代表の子どもに読ませ、それを聞き取り、発表する。

手　順

1　代表の子を立候補させて一人決め、言わせる（このときに聞いている子にはメモを取らせるとより効果的。ただし「メモしましょう」とは指示しないこと）。

2　聞いていた子に、「今、○○さんが言った言葉を言える人？」と尋ね、一人にひとつ、順に言わせていく。すでに言ったものが出た場合は「アウト！」、言っていない場合は「セーフ」と盛り上げる。

活動のポイントおよび解説

＊始める前に、「○○さんが今から言う言葉を、後で言ってもらいます。よく聞きましょう」と予告しません。子どもに自分の意志で「しっかり聞かなきゃ」と思わせるためです。予告して聞けることは「当たり前」のことであり、逆を言うと、「予告なしではしっかり聞けない子」を育てることになるからです。

＊この活動はカタカナ帳でカタカナを学習する際にも行えます。ひらがなの言葉とカタカナの言葉の違いも簡単に指導しておくとよいでしょう。

話すこと・聞くこと
書くこと
読むこと
言語事項

この「予告なし」の活動こそが、子どもたちに「ショックを与える」ことになります。

はじめてこの活動を取り入れたのは4月の中旬でした。いつも通りひらがなの一文字を学習したのち、「言葉あつめ」をさせて、書けた個数を聞き、一人を指名し、書いた単語をすべて言わせました。私はおもむろに、「今、〇〇さんが言ってくれた言葉を、ひとつでも言える人?」と尋ねました。すると、静かに聞いているように見えた子どもたちでしたが、多くの子が、手を挙げることができませんでした。「聞いているようで、聞いていない」からです。問われた子どもたちは、一瞬凍ったような表情になります。私はさらに拍車をかけて、「せっかく〇〇さんが言ってくれたのに、君たちはほとんどの人がひとつも言えないんですね」とショックを与えます。ある子は発表した子に申し訳なさそうな表情を、ある子は先生はそんなことを聞くのか、と虚を突かれたような表情をしていました。

それ以降、同じ活動を繰り返すことで、ひらがなを学習する際に、代表の子が発表するときには、他の子どもたちは集中して聞き、自発的にメモもするようになりました。「ひとつでも言える人?」の発問には、全員の手が挙がるようになりました。「集中して聞く時間」をしっかり確保したことで、「聞き取り学習」の時間以外にも、教師の話や友達の話を静かに聞く時間が増えました。直接「しっかり聞きましょう」と指導するよりも何倍も効果がありました。

このように、まずは「ショック」を与え、書くことと関連させながら集中して聞く時間を確保し、聞く姿勢を高めていくことが大切です。

(2) 一文を聞き取る指導―一文をつくる単元と関連させて―

単語の次は「一文」です。これも「書くこと」の指導と関連させながら活動を行っていくとよいでしょう。

教科書には、一文をつくる単元が、1年生の5～6月頃あります（光村図書であれば、「ぶんをつくろう」という単元）。これも「書くこと」の単元と関連させながら、しっかり聞く活動を盛り込んでいきましょう。

活動を繰り返していくと、子どもたちのメモは、「動詞」だけをメモするようになります。主語は同じですから、自分で考えて必要な情報だけをメモするようになっていくわけです。

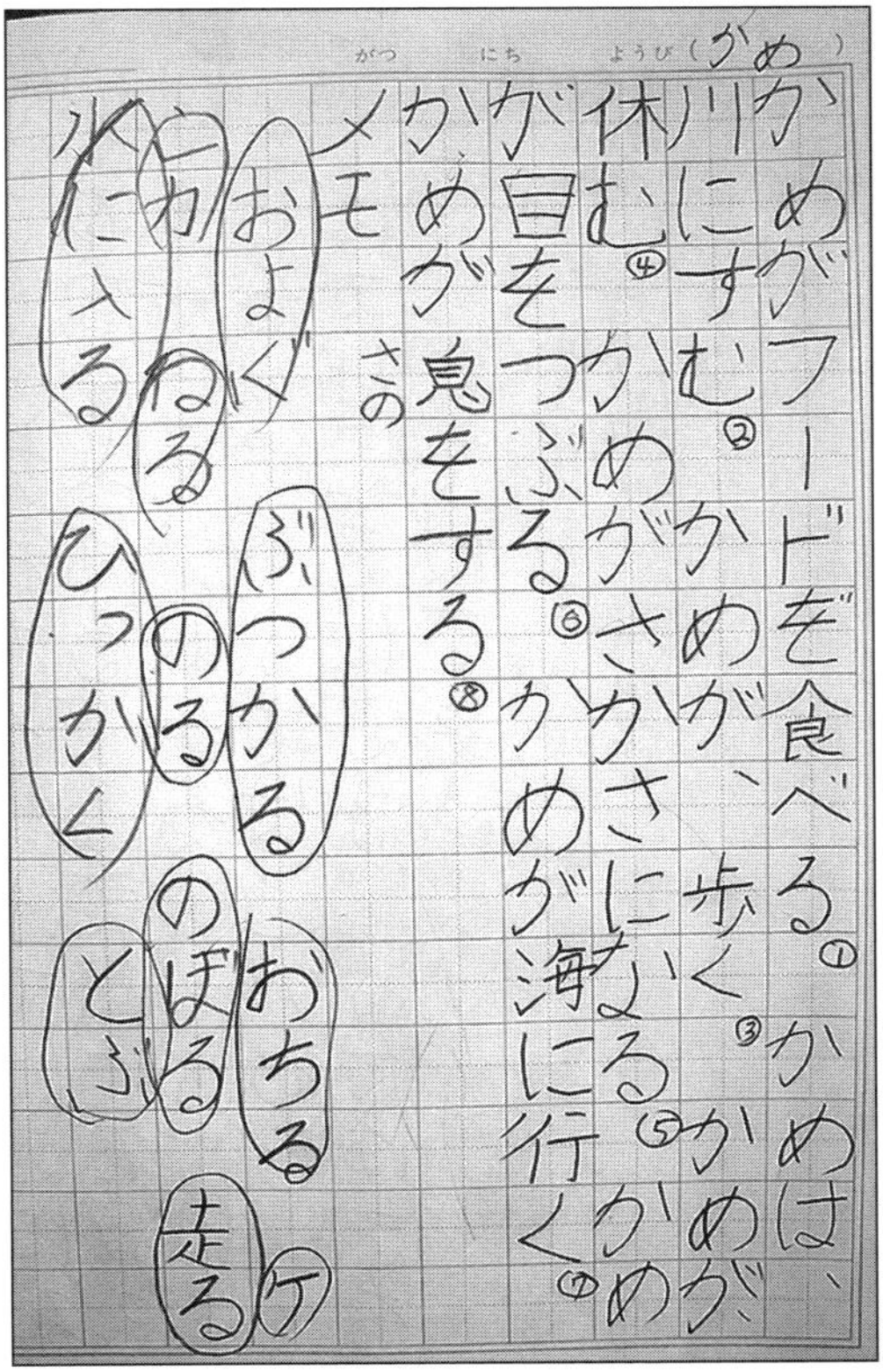

▲右が自分で書いた文、左が聞き取ったメモ

「一文」聞き取り活動

活動内容

「『主語くじ』短文づくり」(63ページ)をした後、代表の子どもに読ませる。それを聞き取り、発表する。

手　順

1　ノートに「〇〇が××する」という文をたくさん書かせる。
2　立候補させて代表を一人決め、読ませる(聞いている子には、メモを取らせると効果的)。
3　「今、言ってくれた文をひとつでも言える人?」と聞き、言わせていく。
4　すでに言ったものが出た場合は「アウト!」、そうでない場合は「セーフ!」と言って盛り上げる。

活動のポイントおよび解説

＊これも「予告なし」でやりましょう、ですが、「単語聞き取り」のときにしっかりと指導できていれば、ほとんどの子が最初からしっかり聞くでしょう。「メモするから待ってください」などという声が上がればこちらのものです。

＊代表に立候補させることで「自主性」「やる気」を伸ばすこともねらいましょう。

(3) 教師の話を最後までしっかり聞く指導―「ひっかけ指示」と「再生」がカギ―

まとまった話を最後までしっかり聞かせる際も、単語や一文を聞かせることと方針は同じです。「ショックを与える」ことで、「最後まで聞きましょう」と直接的に言うことなく「最後までしっかり聞こう」という思いにさせなくてはいけません。

ここでは、子どもが進んで聞くようになる活動を2つ、紹介します。

「ひっかけ指示」で注意深く聞こう

活動内容

教師の話を最後まで聞き、ひっかけの指示にひっかからないようにする。

手　順

1　これからする活動の説明をする。
2　ひっかけの指示を出す。

活動のポイントおよび解説

＊よく早押しクイズ問題などで「日本一高い山は……富士山ですが、2番目に高い山は何でしょう」といったものを耳にすることがあると思います。「日本一高い山は……」で少し間をとることで、解答者がひっかかり、「富士山!」と答えてしまうものです。そのような「ひっかけ問題」に発想を得たのが、「ひっかけ指示」です。学習活動の説明をした後などに、「それでは先生がはじめ!……と言ったら始めてくださいね」といったように、子どもたちをひっかけるのです。ひっかかって活動を始めてしまった子に冗談っぽく「まだはじめと言っていませんよ。〇〇さん1回休みー」などと言うと、子どもたちは盛り上がります。

＊他にも「起立」というときに「きりん」と言ったり、「よーい、スタート」というときに「よーい、ステーキ」と言ったりします。ダジャレみたいなものなので、様々アレンジしてみてください。子どもは楽しみながらしっかり最後まで聞きます。子どもたちは、「まだだぞ、また土居先生は何か言うぞ」と最後まで真剣に私の言葉に耳を傾け続けます。

慣れてきたら、少しレベルアップして、「決めごと」をつくるとさらに子どもは楽しみます。例えば、私のクラスでは「よーい、ステーキ」と言ったときは全員で声をしっかり出して「おいしいよねー♪」という決まりになっていました。

楽しみながら、話を最後まで聞く姿勢を身につけさせたいものです。

話すこと・聞くこと
書くこと
読むこと
言語事項

お話再生

活動内容

教師が話した話を、再生する。

手　順

1　教師は、ナンバリングして話す。「3つのことを話します」
2　子どもたちは、教師が話したことを自分の言葉で再生する。

活動のポイントおよび解説

＊教師が朝の連絡などを伝える際、「今から2つ話します」とナンバリングしてから話します。そのあと、「はい、それではひとつ目の話が言える人？」と、その2つの話の内容を言わせるのです。ここで重要なのは「自分の言葉で趣旨があっていればよい」ということです。「単語」や「一文」の場合は、言ったことを正確にそのまま再生させる必要がありましたが、まとまりのある話でそれはできません。むしろ、しっかり聞いて、自分の言葉でまとめられるような力のほうが重要なのです。ゆくゆくは、はじめにナンバリングするという「聞きやすくする手だて」を外したり、「予告なし」で朝会での校長先生のお話を「自分の言葉」で言わせたりすることで、レベルアップも図れます。

(4) 友達の話を最後までしっかり聞く指導―話し合いの中で育む―

ここまでの活動を繰り返すと、子どもたちの「話を聞く力や姿勢」はだいぶ育ちます。次につけたい力・必要な指導は、授業中の話し合いの中で「聞く力」を伸ばす指導です。

話し合いは、「聞く人」がいるからこそ成り立ちます。話す人だけでなく、「聞く人」にとっても理解が深まるために、「話し合い」が存在しています。

ですから、友達の話をしっかり聞き、どんなことが言いたいのかを考えながら聞く必要があります。教師の話をしっかり最後まで聞くこと以上の、聞く力が求められるといえるのです。

この力は、実際の話し合いの中で実践的に高めていくのがいいでしょう。

友達のお話再生

活動内容

友達の発言を再生する。

手　順

1　ある子どもに発言させる。
2　発言が終わったら間髪入れずに、「今、○○さんが言ったことを隣の人に言って」と指示をする。
3　その後、全体で「○○さんの言ったことを言える人？」と尋ね、言わせる。

活動のポイントおよび解説

＊これは「教師の話を再生させる」方法に似ていますが、友達の発言を再生すること、予告なしでやることなどに特徴があります。国語科だけでなく、どんな授業でも取り入れられます。

＊友達の発言をしっかり聞く耳が育ちます。また、授業中に全員で確実に押さえておきたいような内容を全員に自分の言葉で再生させ、押さえる効果もあります。

友達のお話途中再生

活動内容

ある子の発言を途中で止め、続きを他の子に言わせる。

手　順

1　ある子どもに発言させる。
2　途中でいきなり「ストップ!」と言って止める。
3　「○○さんの言っていることの続きが言える人?」と聞く。

活動のポイントおよび解説

＊これができれば、友達の話の一部だけを聞いてその趣旨をつかんでいるということになり、「聞く力」の相当な高まりを確認できます。

＊1年生は「聞く力を伸ばすことが大切」と先に述べましたが、ある程度聞く力が伸びてくれば、このように「話すこと」と関連させながら伸ばそうと考えることが必要です。

(5) まとまった文章をしっかり聞く指導―「教科書暗唱」をみんなでチェックする―

最後に、毎日の授業に組み込むことのできる「聞くこと」指導を紹介します。

ここまでは、「書くこと」「話すこと」と関連させた「聞く指導」を紹介してきましたが、「読むこと」と関連させた活動です。「読むこと」の章で述べますが、私のクラスでは国語の教科書を全員が丸ごと１冊、暗唱していました。これを「聞く力」の育成にもつなげる方法を紹介します。

「教科書暗唱」のチェック

活動内容

代表の子どもに教科書暗唱をさせ、他の子どもはそれをよく聞き、ミスをチェックする。

手　順

1　「一人で暗唱したい人?」と尋ね、代表を決め、暗唱させる。
2　他の子はミスがないかしっかり聞く。教科書を見てもよい。
3　●分間暗唱をしたら終了。
4　ミスの個数や箇所を確認していく。

活動のポイントおよび解説

＊聞く側は、はじめのうちは教科書を見ながらチェックしますが、次第に見ずにチェックすることができるようにもなります。

＊この方法は、「教科書暗唱」が必須条件となってきますので、暗唱する部分をよく考えて、短い詩や物語にするとよいでしょう。

＊「集中して聞く時間」を確保できると同時に、間や抑揚など友達の音読に対する観点も育ってきます。

(6) 「話の聞き方」の指導は、聞いている自分を見るのが効果的

話の聞き方は、「手と目と合図で聞くんだよ」と指導しています。手は何も触らず、目は話す人を見て、うんうんと合図を送りながら聞く、という一般的な指導ですが、「手と目と合図」というのがキャッチコピーのようになって、なかなか効果のある指導法です。しかし、それだけでは全員ができるようにはなりません。

賢くてよく発言するんだけれど、友達が話しているときは全く上の空で手遊びしているような子、いませんか。

T君もそんな子でした。とても頭がよく、鋭い発言をするのですが、私や友達の話をしっかり聞け

ないのです。そんなT君の話の聞き方がガラッと変わったのが、この方法です。ある子を指名し、発言させているとき、子どもたちの話を聞く様子をビデオにこっそり撮っておいたのです。案の定、T君は全然「手と目と合図」で聞くことができていませんでした。

発言が終わった後、私は何も言わずに、ビデオをテレビにつなぎ、再生しました。そして、「うわ、みんな手と目と合図でよく聞けているなあ」と大きな声でわざとらしく言いました。画面の中のT君だけは、手遊びをしています。するとT君は、「うわあ、ぼくだけ聞いてないや。ちゃんと聞こう」と小さな声でボソッと言いました。後で呼んで、話を詳しく聞くと、「自分だけ変な聞き方していてかっこ悪かった」と言っていました。このように反省できるのも賢いT君ならではですが、とても効果はあったようで、それ以降「手と目と合図」で聞けることが非常に多くなりました。

▲休み時間まで食い入るように自分の「聞き方」を見る子ども

同様に、他の子にとっても効果があったようで、しっかり聞くことが多くなりました。

このように、「聞き方」に関して指導するには、客観的に自分のことを省みることのできない1年生にとっては、その自分の「姿」を映像で示してしまうのが効果的だといえます。

「聞き方」ビデオでチェック

活動内容

友達が発言しているときの映像を撮り、それをみんなで見てみる。

手　順

1　一人に何らかの発言をさせる。
2　その際、その子を撮るフリをして周りの聞いている子を撮る。
3　ビデオを再生し、よく聞けている子をほめる。
4　気づいたことなどを発表させてもよい。

活動のポイントおよび解説

✱ポイントは、きちんと聞いていない子を「決して責めない」ことです。自分で気づかせます。

✱子どもは映像を見るのが大好きです。しかもそれが、自分が映っているだけでもう大盛り上がりです。だから、楽しい雰囲気の中で、映像を見ながら、よく聞いている子をほめていきます。時には、面白い聞き方をしている子やねむそうにしている子をいじって、面白くやっていくのがいいです。それでも、きちんと聞いていない子は、自分で「うわー、かっこ悪い。きちんと聞こう」と思ってくれます。

2 「自主性」と「即興性」を意識した「話すこと」の指導

(1) しっかり声を出させる指導―すべての基礎は返事から―

１年生といえど「自分の考えをもち，みんなの前で堂々と話せる」ようにしたいものです。「話すこと」の指導においても，「スモールステップ」が重要です。最も「基礎」から始めることが大切です。

それでは「話すこと」の最も「基礎的なこと」とは何でしょう。

それは，「声を出すこと」です。何よりも，これが一番大切です。声を出すこともできない子が，自分の考えを堂々と友達の前で話すことなどできないからです。

以前の私は，これがわかっていなくて，何度も失敗しました。「話すこと」ができないのは，「発言内容に自信がないから」としか思っていなかったのです。ですから，例えば，話し合いの場面でみんなの前で発言させたかったら，「ワークシートに丸をつけてあげて自信をもたせてあげ」たり，「全体の話し合いの前にペアやグループでの話し合いをさせて自信をもたせてあげ」たりするなどしていました。ですが，ほとんど効果はありませんでした。

なぜなら，子どもたちは発言内容に自信がなかっただけではなく，人前で「声を出す」ということ自体に自信がなかったり，慣れていなかったりしたからです。まずは人前で「声を出す」ことができる状態にすることが，「話すこと」の指導では何よりも大切なことなのです。

「声を出す」ということには、たくさんの効果があります。

前向きな気持ちになり、積極的になります。また、姿勢もよくなります。

そして、自信がつきます。

一人一人が明るい表情になり、その結果、教室の雰囲気も明るくなります。


声を出す場面で、最も初歩的ではじめに取り組むべきなのは、「返事」です。

1年生は「元気に返事してください」と指示すれば、ほとんどの子が大きな声で返事ができます。ですから、予告ありでの「大きな返事」はほとんど意味がないと思って取り組みましょう。つまり、「予告なし」でしっかり声を出させる必要があります。それでこそ本当に子どもたちに根づいていて、声を出すことに躊躇がない状態だといえるからです。

返事をしっかりと大きくさせるには、「望ましい返事をするまで呼び続けること」と、「返事をしない、あるいは小さい場合には発言させないこと」が効果的です。一見、1年生には厳しい指導に見えるかもしれません。しかし、ユーモアを入れながら、子どもをあたたかく「いじり」ながら、「返事は大きく、はっきりしなくてはいけない」という価値観をもたせましょう。例えば、こんな感じです。

T「この問題、答えたい人。はい、Aさん」
A「10です」
T「Aさん」

Ａ「10です」
Ｔ「Ａさん？　いないのにどこかから声が聞こえてくるなあ。Ａさん？」
Ａ「はい！　10です！」（笑いながら）
Ｔ「あぁいたの？　Ａさん、いるなら、わかるように返事をしないとね。Ａさん」
Ａ「はい！　10です」

時と場合によっては、「はい、返事なし。他の人？」と次の子を指名してもよいでしょう。そうやって「ショック」を与えながら、根づかせていきます。

また、ゲームのようにして競わせながら、「よい返事」をさせることもできます。

例えば、給食の配膳をする際、私のクラスでは準備ができて行儀よく待っている班から私が呼んでいました。これを、返事がよい班から並んでよいことにしたのです。これも「予告なし」で行います。突然、「2班！」「3班！」と呼びます。返事が大きく、はっきりしている班の勝ちで、先に給食を受け取りに行けるというルールです。班で返事をするので、一人で返事をするのが恥ずかしい子にとってもハードルが下がります。

もちろん、技術的なことも合わせて指導します。例えば、1年生は「はーい」と返事を伸ばしがちです。ですから、「はいっ」と返事をさせることが重要です。「小学生は、返事は短く！」と直接的に指導してもよいですし「はーい」と「はいっ」を比較させるなど、間接的な指導もよいでしょう。「っ」に注目させることも面白いです。

(2) 自分の意見・考えをもたせる指導―まずは「二択で挙手」から―

「返事」ができるようになり、しっかりと声を出すことができるようになった後、次に立ちはだかるのは「自分の考えをもつ」ということです。これなしに「何かを話せ」というのは難しいことです。

授業中に黙ってしまう子は、「自分の考えをもてていない」子が多いのです。だからこそ手遊びをしてしまったり、他のことを考えてしまったりします。そうならないためにも、自分の考えをもとうという意識をもたせなければいけません。

しかし、いきなり高度な話題で自分の考えをもたせるのは1年生にとっては難しいことです。例えば、「ずうっと、ずっと、大すきだよ」（光村図書）の「ぼく」は、なぜ家族ほど悲しまなかったのだろうというような課題で、「さあ、自分の考えをもて」というのでは、ついてこられない子が多いでしょう。

まずは、「とても簡単な話題」で、なおかつ「二択」にして、自分の意見を「必ず」もつ癖をつけましょう。

例えば、「クッキーとチョコ、どちらが好きか」や「今日の全員遊びは鬼ごっことドッジボール、

どちらがいいか」といった話題です。また、「土居先生の好きなスポーツはサッカーと野球、どちらか」とか、「土居先生の髪型は固めているほうがいいか、下ろしているほうがいいか」など、担任に関するような二択の話題だと、一層子どもたちは意欲的に取り組み、自分の意見をもてるでしょう。

ただし、ここでどちらかに手を挙げさせて終わり、では何の指導にもなりません。「自分の意見をしっかりもてる」という理想像のもと、2つのことを指導します。

ひとつは、「先生のことだけを見て、頭の上の豆腐を突き刺しなさい」と指示します。

「先生のことだけを見て」とは、他の人を見ずに自分の意見だけで挙手させることを意味します。自信のない子は、よくキョロキョロ周りを見ながら手を挙げます。そうすると、多数決をしようと思ったら、最初は2人ぐらいだったのが、ゾロゾロと手を挙げ出して、最終的にクラスの半分近くの手が挙がった―というようなことがあります。周りに流されているのです。そうではなく、あくまで自分の考えをもち、それを基に行動させる癖をつけさせるのです。

また、「頭の上の豆腐を突き刺す」とは、手の挙げ方への指導です。まっすぐ挙げさせることを入門期段階で徹底するためです。

2つ目に、「少数派をほめる」指導をします。二択にすれば必ずいつかは2、3人しか手が挙がらないことが出てきます。そのときに、しっかり堂々と手を挙げている子を思い切りほめるのです。

「一人で手を挙げるとは勇気のある子だ！　勇者だ！」などと言って、「たった一人でも意見をもって、それを言おうとしたのが素晴らしいことなんです」と価値づけます。子どもたちの中に、「自分の意見をもつ」ことの大切さを植えつけていくのです。

(3) 自分の意見・考えを発言させる指導―大きな声でしっかり言い切らせる―

「自分の意見をもつこと」ができるようになってきたとしても、やはり自信をもってハキハキ発言するのは、1年生にとっては難しいことです。どうしてもボソボソと話してしまったり、最初は揚々と話し始めても途中でわからなくなってきて最後はゴニョゴニョと「尻すぼみ」になってしまったりすることがあります。

それらを許していると、子どもたちに「小さい声で話していい」というメッセージを与えることになってしまいます。

そんなときは、「簡単な発問を繰り返すこと」と「最後まで言い切らせること」をしましょう。

「簡単な発問を繰り返すこと」とは、例えば、「かきとかぎ」（光村図書）という入門期の教材を扱ったときに、

・「誰が出てきますか」

・「どこのかぎですか」
・「点々はいくつ出てきますか」

などという、誰でも答えられる発問を繰り返すことです（「単語の聞き取り学習」（23ページ）での「今、言った言葉を言える人？」もこれに当たります）。ここでは「全員挙手」が絶対条件です。そして、「はいっ。さるです」などと、大きな声でしっかり言わせます。1問につき何人か言わせてもいいでしょう。きちんと大きな声で言わせます。

また、「最後まで言い切らせる」とは、発言している途中でよくわからなくなってきて「尻すぼみ」になってしまったときに、もう一度しっかり言わせることです。1年生はしばしば、

「ぼくは○○だと思います。なぜなら……うーんと……△△だから？　です？」

となってしまうことがあります。

このときに、

「今、言ったこと、合っているよ。だから、もう一度、大きな声で『△△だからです！』と言ってごらん」

と答えが合っているという自信を与えてから、もう一度大きな声で言い切らせるのです。

ゴニョゴニョした発表をそれでよしとしていては、いつまで経ってもしっかり言い切る子になりません。もう一度やり直しをさせてでも、しっかり言い切る経験をさせ、自信をつけさせるのです。

担任の「こだわり」が重要です。担任が「まあ、このくらいで仕方ないか」と譲歩してしまったら、

子どもたちも「ああ、この程度でいいんだ」と思い、ハードルが下がってしまいます。しっかり言い切るまで譲らない姿勢が大切です。

(4) 自分の意見・考え＋理由を言わせる指導―理由を言うことのよさを感じさせる―

自分の意見や考えを人前で話すときには必ず、そう考えた理由や根拠を言わなければいけません。そうでなくては、誰一人として納得させることはできません。

1年生の入門期では、みんなの前で「自分の意見・考え」と合わせて、「理由」をしっかり大きな声で言えれば十分「合格」と言えます。

ここでは、そんな「理由」をセットで言わせる実践を紹介します。

「理由」を言わせるためには、「理由を言うっていいな」とか「理由を言わなきゃいけないな」ということを、1年生にわからせる必要があります。そのために、すべきなのは、発言した意見や考えが、「なんとなく」のものなのか「理由があるのか」をはっきりさせることです。二択の発問をして、立場を明確にし、そのうえで話し合いを進める際、「理由があるのか」を問うのです。

例えば、後述しますが、「おおきなかぶ」では、「(登場人物が) 出てくる順番はこれじゃなきゃだめですか?」と発問します。すると、ほとんどの子は「物語の順番じゃなきゃだめ」だと主張しました。一方、5人だけは「この順番じゃなくてもいい」と言いました。

しかし、この5人に理由を聞くと、「わからない」と言う子もいました。そこで、私は「っていう

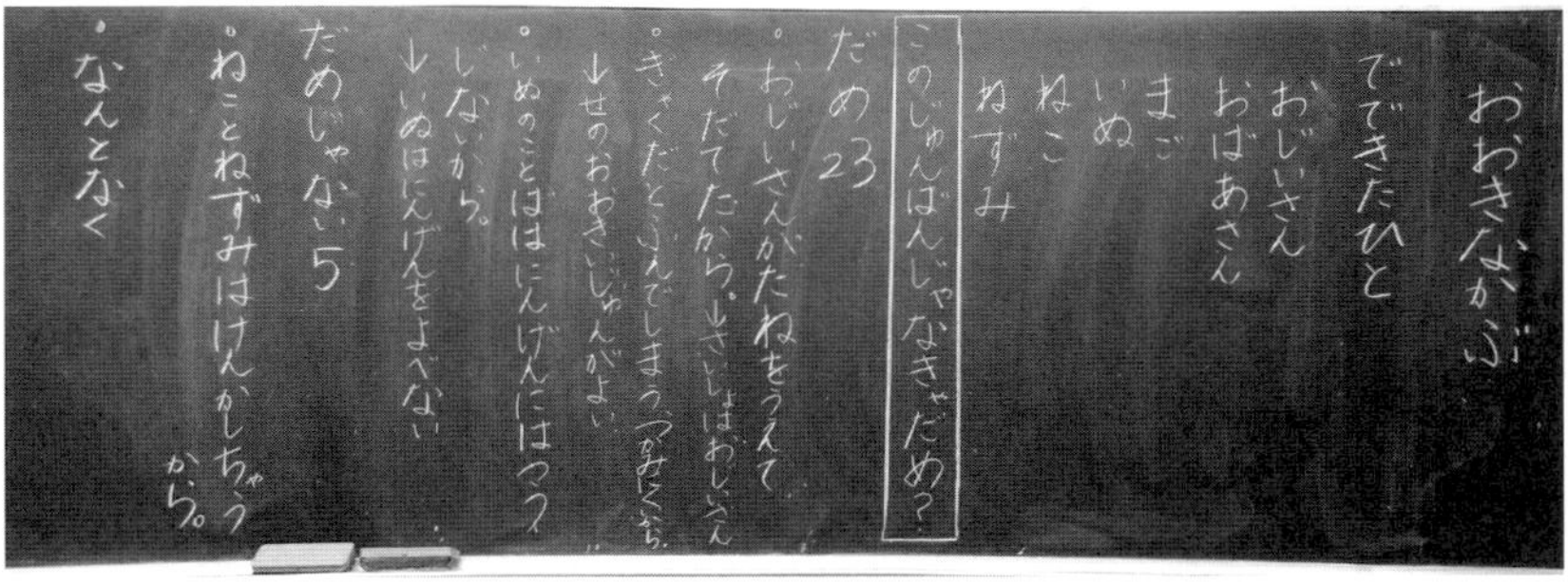

ことは、なんとなく、この順番じゃなくてもいいと思ったんだね」と言いながら、黒板に「なんとなく」と書きました。

一方、「物語の順番じゃなきゃだめ」だという子は、ほとんど全員が理由を述べることができました。

その後、「どちらのほうが納得できますか」と聞くと、子どもは全員「物語の順番じゃなきゃだめ」だというほうに手を挙げました。

私は、「理由がわからなくても、なんとなくでも手を挙げたのはえらい。でもみんなに今聞いたら、理由がなんとなくじゃなくて、しっかりあるほうが納得するみたいだね」とフォローしつつ指導しました。

これ以降、「なんとなく」という子は徐々に減り、自分なりの理由をしっかりいう子が増えました。大切なのは、「なんとなく」は恥ずかしい、だめなことだとわからせることです。そして、「なんとなく」しか意見をもてていないことを黒板に書くなどして自覚させることです。

(5) 即興で話す指導―「今日の感想」を帰りの会で言う―

ここまでを経ると、自分の意見をもち、そしてそれを理由とともに言うことがだいぶできるようになってきているはずです。

しかし、「話す力がついている」という状態を想起するとき、それは「即興的に」自分の考えをみんなの前で言える、という面も含まれます。自分の思ったことや感じたことを、躊躇なくパッと言える子を育てることも求められます。

これまで述べてきた「話す力」は、どちらかというと「授業時に役立つ力」です。教師からの発問に対して自分の意見をもち、その理由や根拠とともにみんなの前で主張をする力です。

そうではなく、生きて働く国語の力としては、「即興的に」自分の思ったことや感じたことを伝えられる力も、重要な「話す力」です。

「即興性」をつけるためにやるべきことは、「即興的に話す場面を経験すること」、ただこれだけです。

1年生で取り組みやすいのが、「一日の感想を帰りの会で言う」ことです。これに手が挙がるようになってくると、だいぶ即興性がついてきた、と言えるでしょう。とは言っても、1年生ですので、あまり難しくは考えず、簡単な「感想」が言えればよいと考えましょう。

「今日の3時間目の生活が面白かったです」
「今日の体育が面白かったです」
「今日の国語が面白かったです」

はじめはこれくらい簡単なひと言で十分です。「今日の感想を言える人?」といきなり言ったら、おそらくはじめて発言する子はこの程度のことしか言えません。しかし、うんとほめてあげることが大切です。「それでいいんだよ。言えたね。えらい！」などと。そうすれば，「ああ，あれでいいんだ，なら言える」と手が挙がる子が増えるはずです。

「今日の感想を言える人？」に多くの手が挙がるようになってきたら，だんだん質を高めることも必要です。例えば，「3時間目の生活が楽しかったです」なら，「生活で何をしたのが楽しかったの？」と質問し直すだけです。そうすれば次からは，「3時間目の生活でアサガオの観察をしたのが楽しかったです」と少し詳しく言える子が出てきます。教師からの援助（質問）なしに，自分からそこまで言えた子がいれば，またほめます。

「指導する」→「自分でできるようになる」→「ほめる」
→「ちょっとレベルを上げて指導する」→「自分でできるようになる」→「ほめる」→……

というサイクルをつくるのが理想です。

ここからさらにレベルを上げていくとしたら，「理由」を言わせたり，「○○さんと似ていて」と前の発表者につなげさせたり，「誰としたのか」を付け加えさせたり，「楽しかった」ことだけでなく「悲しかった」「うれしかった」「さびしかった」などという言葉を使わせていく，などもよいでしょう。「詳しくする」ことをキーワードに進めます。

これらの要素を，少しずつ子どもたちから引き出していくことが重要です（日記でひとつのことを詳しく書かせること」とも深く関わってきます）。ポイントは，「あまり長く話させないこと」「急に言わせること」です。

「長く話さないといけない」と思うと、どうしてもとっさに言えなくなってきます。手が挙がりにくい雰囲気になってくるでしょう。「長く話す」ことよりも、とっさに手を挙げて「言うこと」自体が重要なのです。

また、帰りの会の恒例行事にはしないこともポイントです。教師に突然、「今日の感想を言える人？」と言われても言える、ということが重要だからです。恒例行事になってしまうと、雰囲気がだれてしまいますし、子どもたちが心の準備をしてしまいます（とはいえ、はじめのうちは恒例行事にして、全員が手が挙がるようにしていくのも重要です。手が挙がるようになってきてからはだんだんやめていき、やめたと思ったら急にやるなどすると、子どもの「即興性」が育ちます）。また、たまには「先生に今日の感想を言った人から帰ろう」と呼びかけ、考えられた子から並んで、全員が教師に向かってスピーチして帰る、という手法もあります。これなら、一人一人と確実に1日1回は関わることができます。

このような、国語科に限らず、他教科や読み聞かせの後など、感想を話す指導のバリエーションをいくつか紹介しましょう。

○読み聞かせの後「感想を言える人？」

私の勤務する学校では毎週火曜日、保護者の方が読み聞かせをしてくださいます。その際には必ず、

「感想を言える人？」と子どもたちに聞くようにしています。

はじめのうちは、ほとんど手が挙がりませんでした。1年生にとっては、「読んでもらった本の感想を言う」ことですら、難しいことだからです。しかし、これも一人に言わせて例を見せたり、続けていったりすることで手が挙がる子が増えてきます。

最初のうちは、「最初に読んでもらった本が面白かったです」程度の感想ですが、だんだんと「○○という本の××のところが面白かったです」などと少しずつ詳しく言えるようになってきます。また、感想を言おうとすると、必然的に、しっかり聞かなくてはいけなくなります。特に指導しなくても、写真のように、非常に集中して聞くようになります。

感想を言わせることは、読んでくださる保護者の方にも好評で、「感想を聞けてうれしいです。次への励みになります」などと読み聞かせボランティア日誌に書いてくださっています。そのことも子どもに伝えると、より「感想を言おう」という次への意欲につながります。

読み聞かせに限らずとも、学校の実態に合わせて、保護者の方や上級生に何かの催しなどをしてもらったときなどには、必ず「感想」を言わせるとよいでしょう。

○給食の後に感想を問う

給食を食べ終わり、「ごちそうさまでした」をする前に急に、「今日の給食の感想は？」と尋ねます。最初は「おいしかった」とか「まあまあでした」とかひと言です。しかし、「ひとつのことを詳しく」言ったり、書いたりできるようになってくれば、給食のどのメニューがおいしかったのか、またそれはなぜおいしかったのかを言えるようになってきます。これも「即興性」を育てることができますし、同時に「ひとつのことを詳しく、深く考える」力もついてきます。

○授業の後「感想を言える人？」

国語の授業にかかわらず、授業の終わりに感想を聞きます。これは学習のまとめになり、学習内容の定着にも役立ちます。

最初はやはり「難しかったです」とか「よくわかりました」などが多いですが、だんだんどんなことが難しかったのか、あるいはわかったのかをはっきり言えるようになってきます。また、必ず押さえたい言葉を使って感想を言わせるなどすると、より学習内容の定着にもなります。

このように、いろいろな活動の後、「感想」を問うクセをつけましょう。そうすれば、子どもたちの「即興的に」話す力も伸ばすことができますし、活動をやっておしまいではなく、「振り返り」にもなります。なおかつ「感想」を言うためには、それぞれの活動に、「考えながら」積極的に取り組まなくてはなりません。そのため、子どもたちが「主体的」にやる気をもって取り組むようになります。さらに、何度も触れてきていますが、「ひとつのことを詳しく」言おうとすることで、「詳しく」書く力にもつながってくるのです。

3 ペアでの話し合いを徹底し、聞いている子にも意思表示をさせる「話し合い」の指導

(1) 他者意識を育てる

まずは一対一（ペア）できちんと相手の話を聞けるようにします。

1年生は、「自分が言いたい」生き物です。自分の考え、好きなもの、経験などなど、何でも「自分」が言いたいのです。

教師など大人と一対一で話すだけなら、相手が「うんうん」と聞いてくれるのでいいのですが、子ども同士の「話し合い」となると、それではうまくいきません。そこには「自分」だけでなく、「自分」と対等の存在の「他者」がいるからです。「他者」の言葉に耳を傾けずして「話し合い」は存在し得ません。

まずは、「他者の言葉に耳を傾けさせる」ことから始めなければいけません。

そのためには「自分はこんなに聞いていなかったのか」、「自分だけ勝手に話していた」という「ショック」を与えなければいけません。「まず相手の話を聞かなくちゃ」と思わせなければいけないのです。

隣の友達の意見が言えるかな?

活動内容

ペアで話し合った後、「隣の子の意見が言える人?」と問う。

手順

1 「みんな、好きな動物は何?」などと話題を与え、「まずお隣さんに言ってごらん」とペアで話し合わせる。

2 話し終わったら前を向かせる。当然のように自分の意見を言おうと準備をしているところに「隣の子の意見が言える人?」と尋ねる(手が挙がる子どもが少ない)。

3 「(手を挙げないことに対して)隣の子の顔を見なさい。その子はあなたに伝えたい、と思って一生懸命話したんだよ。それなのに何を言ったかわからないなんて。隣の友達に謝らないといけないよ」と言う。

活動のポイントおよび解説

＊「隣の友達の意見」を尋ねる活動の導入です。次に紹介するような「誰でも意見をもてる簡単な話題」で話し合わせるのがよいでしょう。1年生の入門期であれば、おそらく「予告なし」で「隣の友達の意見が言える人?」と聞かれ、手を挙げられる子は少ないはずです。「聞いていない」「自分の考えを言うことだけを考えていた」という現状を浮き彫りにし、「まずちゃんと聞かなくちゃ」と思わせるための指導です。

ペアトーク―簡単な話題でのペアでの話し合い―

活動内容

誰でも意見がもてるような話題でペアで話し合い、隣の子の意見を言う。

手　順

1　意見をもちやすい話題（好きな動物など）を与え、話し合わせる。
2　カウントダウンをしながら30秒ほどで打ち切り、「隣の子の意見を言える人？」と尋ねる。

活動のポイントおよび解説

＊話題が重要です。パッと話し合わせるので、すぐに意見をもてる話題でないといけません。私のクラスで好評だったものは、「好きな食べ物」「好きな動物」「好きなすしのネタ」「好きな飲み物」「好きなスポーツ」「好きな勉強」などです。

＊ダラダラ話し合わせません。このペアの話し合いも授業中に取り入れていきますが、ダラダラ話して意見がまとまらないことのないように、カウントダウンなどで急がせましょう。

＊レベルアップとしては、「理由も言わせる」「○○さんと同じで」などと他の友達の意見とつなげさせるなどが考えられます。また、あまりにも自分の意見を先に相手に言ってしまうようであったら、「先に聞いてあげよう」などと声かけします。

赤白トーク―意見の違う人と話そう―

活動内容

授業中に二項対立で話し合ったり、意見が2つに割れたりしたときに、自分の意見を赤白帽子の色で表し、教室中を自由に立ち歩きながら、なるべく自分と違う意見（色）の人とペアトークする。

手　順

1　どちらの意見が赤でどちらが白かを、教師がはっきり決める。
2　なるべく自分と違う意見（色）の人と話すことを確認する。
3　教室中を歩き回りながらペアトークする。
4　時間がきたら座らせ、全体でまとめをしたり、感想を話し合ったりする。

活動のポイントおよび解説

＊意見を赤白帽子で「可視化」し、自分とは違う考えの人と話す機会を多くつくります。全体でのまとめでは、考えが変わった子を中心に話させ、誰の意見を聞いて変わったのかなどを聞いていきましょう。

(2) はっきり意思表示をさせて全員参加を目指す

ペアでの話し合いに慣れてきても、全体の話し合いではどうしても置いてきぼりになったり話を聞いていなかったりする子が出てくるかもしれません。

そのような状況では、意見を言っている子も、「友達に聞いてもらえている」という感覚をもてず、話そうという意欲が低下します。問題点は、ひと言で言えば「話し合いに全員が参加していない」ということです。話し合いに全員が参加するのはとても難しいことですが、まずは全員が「意思表示」するということを目指しましょう。

どういうことかというと、一人の発言に「リアクション（反応）」を示すのです。例えば、自分も同じ意見だったら「同じ！」とか「似てる！」とか、「あー、わかる」、「どういうこと？」などと言わせるのです。これだけでも、話し合いの間ずっと黙っているよりは、参加していることになります。また、発言した側も、言った後シーンとしているより、何かしらの反応があったほうがうれしいものです。

この指導だけで、話し合いができるようになるというわけではありません。しかし、自分の考えや意見をもちながら友達の話を聞くという姿勢が身につきます。

最初は「同じ！」という声しか聞こえてきません。１問１答の発問であればなおさらです。徐々に、様々な考えが出てくるような発問をすると、「同じ！」のひと言では表現しきれなくなってきます。その場合は「似てる！」と言わせるようにします。そして、「似てます。付け足しです」と言わせ、「付け足し」をさせていきましょう。だんだんと、「同じ！」という言葉ではなく、自分の言葉で表現させるようにしていきましょう（「同じ！」があまりにも続くようなら、「本当にまるっきり同じですか？」などとつっこんでいき、「意見の微妙な違い」に気づかせていくことも必要です）。

1年生の特性上、反論は非常に出にくいです。ですが、よい話し合いに、よい反論はつきものです。よって、だんだんと反論も出るように指導していきます。はじめはこちらから「この意見には反対だなーって思うのはありますか？」などと投げかけます。すると、「○○さんの意見はおかしいと思います」などという意見が出てきます。1年生は、「そのように言うと○○さんがかわいそうだ」と思う子が多いようですが、意見に対して違いを述べることは価値があるということを、教師が「価値づけ」ていくことが大切です。

リアクションのレベルアップ順序は、次の通りです。

「同じ！」→「似てる！」→「付け足しです！」→「違う考えです！」

また、友達の発言がわからないときは「どういうこと？」とか「わかりません」などとリアクションさせたり、手を挙げて発言させたりします。そして、理解している子に「解説」させます。これを繰り返すと、「わからないので、解説してください」などと自分たちで求めるようになります。これも話し合いを高める指導です。

第２章
表現する楽しさを知る！
「書くこと」の指導

文字をはじめて学習する1年生。そんな1年生には、「書くこと」をぜひ楽しんでもらいたいものです。

しかし、「楽しんでもらいたい」とは思っていても、ついつい字のきれいさにこだわったり、「は・を・へ」の表記ミスをなくそうとこだわったりして指導してしまうのもよくあることです。

せっかく、習ったばかりの文字や文をウキウキした気持ちで書いて先生に見せたのに、先生から、「字をもう少しきれいに書こうね」とか「ここはわにの『わ』じゃないよ」などと繰り返し注意されたら、書くことを嫌いになってしまうのではないでしょうか。

私は、入門期の「書くこと」は、「習うより慣れろ」「質より量」だと思っています。

はじめだからこそ、きちんと字の形を丁寧に書かなければいけない、文を正確に書かなければいけない、ということももちろんあります。

ですが、それよりも、「たくさん書きたい！」「字や文を書くって楽しいな」と子どもに思わせることが大切だと私は思います。もちろん、字のきれいさなどを指導しないのではありません（その指導法についても、第4章「言語事項」で紹介しています。ぜひご覧ください）。ただ、最優先は、やはり「書くのが楽しい」と子どもが思い、そして実際にどんどん子どもが書こうとする姿を目指すことなのです。

それでは、入門期にどのように「書くこと」を指導していけばいいのでしょう。

この時期は、「基礎の徹底」と「書きたいことをもたせること」を意識します。

「基礎の徹底」とは、入門期の1年生ですから、本当に基礎の基礎で、文字、言葉、文です。これらなしでは、「書きたい」という意欲をもちようがありません。

これらの「基礎」を、「正確に丁寧に少なく」書かせるのではなく、「細かいところはあまり気にせずに、たくさん」書かせるのです。「たくさん書けるようになった」というのは、一番目に見えやすい成長です。「成長の可視化」をさせましょう。また、基礎を徹底するには、反復練習が欠かせませんが、それを飽きずに取り組めるよう、「変化をつけた反復」にします。そうすることで、子どもは常に新鮮な気持ちで練習することができます。

しかし、「書く力」というのは、「基礎」ができていれば育っているとも言えません。書く力があるのに、「書くことがない」と言って鉛筆が進まない子どもがたくさんいます。そのような子がもたない力は、「取材（書きたいことを見つけること）する力」です。教師には、子どもが書きたいことを自然に見つけられるような支援をしたり、場を設定したりすることが求められます。

「基礎の徹底」を図ると同時に、「書きたいことをもたせ、どんどん書かせていくこと」の2点を意識して、子どもの書く力を高めていきましょう。

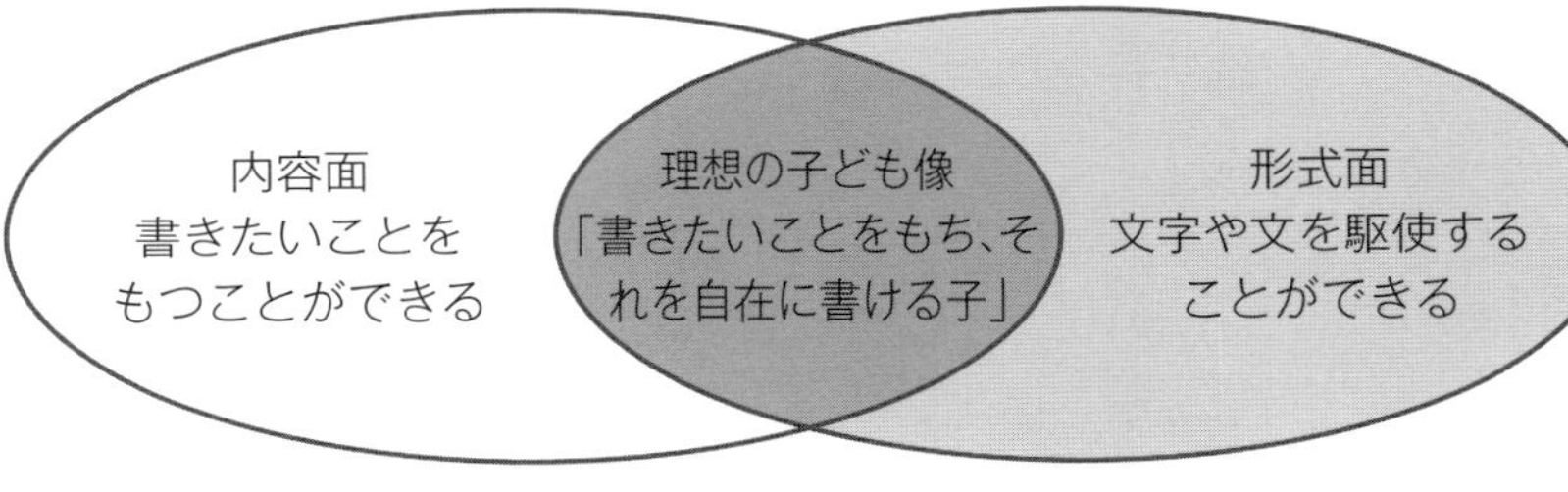

1 「書くこと」の基礎の徹底

(1) ひらがな帳で言葉あつめ―とにかく書いてみることの重要性―

入門期の1年生は、日本語を話すことはできますが、書くことはできません。つまり、「音声言語」と「文字言語」が結びついていないのです。1年生に「バナナって知ってる?」と聞けば、すべての子が「知ってる!」と答えますが、「バナナって書ける?」と聞くと、書ける子は限られるということです。

単に「知っている」言葉を、「書ける」言葉へしていくことが重要です。

そのためは、「とにかく書いてみること」が必要です。

ですから、ひらがなを一文字ずつ教えながら、同時にそのひらがながつく言葉をたくさん書かせます。そうすることで、「書き慣れる」からです。「正しく」「少なく」一文字だけを練習させるのではありません。どんどん書かせるのです。ひらがなを大体書ける子はどんどん書きますし、まだ覚えていない子には、ひらがな一覧を見ながら書かせればいいのです。

ひらがな帳で言葉あつめ

活動内容

ひらがな帳でその日に習った字のつく言葉を空いているところにどんどん書く。

手　順

1　５分間タイマーをセットする。
2　その日に習った字の練習が終わった子から、スペースにどんどんそのひらがながつく言葉を書く。
3　時間がきたら、隣の子とひらがな帳を交換し、言葉をいくつ書けたか数え合う。
4　全体で何個書けたかを確認していく。

活動のポイントおよび解説

＊５分間など、時間を一定にします。そうすることによって、「昨日よりたくさん書けた！」という成長を実感させるのです。これが「成長の可視化」です。基礎の練習は反復になるので、このような、成長を可視化することはとても重要です。特に１年生は本当に喜びます。

＊隣の子と交換し、数え合うのは「知っている語彙を増やす工夫」です。隣の子のひらがな帳を見ることで、自分の気づかなかった言葉に気づきます。

この活動はこのまま「書くこと」の指導だけで終わりません。

全体で個数を確認したのち、一人を指名し、その子に読ませ、そのまま「単語の聞き取り」活動に移るのです。子どもたちにとって、暇な時間などありません。先ほどまで集中して書いていたのに、次には集中して聞かなければなりません（こうやって、「集中できる時間」を長くしていくのです）。

はじめてひらがなを練習するのに、丁寧に書かなくていいのか、言葉あつめなんかしないで、丁寧に丁寧に書かせたほうがいいのではないか、と思われる方もいるかもしれません。しかし、子どもにとっては、はじめて習うひらがなです。最初からうまく書けないのは当然です。それよりも、「自分が知っているあの言葉を書くことができた！」とか、「た、のつく言葉をたくさん書けた！」という楽しさを味わわせることのほうが重要だと私は思います。

字のきれいさなどは、書き慣れることと、ポイントを指導することで、すぐにきれいになります（「言語事項」の章参照）。

とにかく、たくさん書かせてみるのです。子どもを信じてどんどん書かせてみることが大切です。

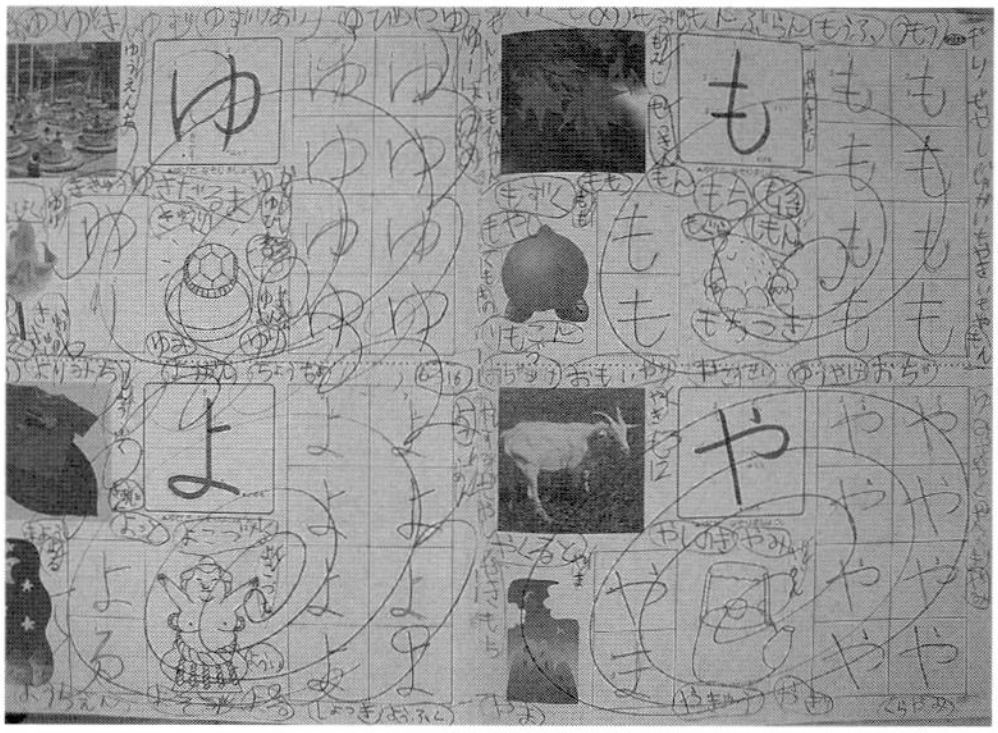

変化をつけた「主語くじ」短文づくり

活動内容

その日につくる短文の「主語」をくじ引きで決め、文をたくさん書く。

手　順

1　主語（とり、さる、人など）をたくさん子どもたちから出させ、くじ引きにしておく。
2　くじ引きを引き、その日につくる短文の主語を決定する。
3　５分間タイマーで文をたくさん書かせる。
4　タイマーがなったら隣の子と交換し、文の数を数え、全体でいくつ書けたか確認していく。

活動のポイントおよび解説

＊この活動は、教科書単元で「一文をつくる」という内容が入ってくる頃に取り入れます。教科書単元を扱った数時間の授業だけですますのではなく、一文づくりを毎日の授業に取り入れるのです。一文を確実につくれることは、文章を長く書けることにつながります。
＊流れは、先に挙げた「ひらがな帳で言葉あつめ」の活動とほぼ同じ流れです。違うのが、くじ引きを使ってその日の主語を決めることです。

反復練習でも「変化をつける」ことが大切です。また、くじ引きの内容も子どもに出させておくことで、さらに子どもはワクワクします（実際、私のクラスでも、「今日こそ僕が言った、ゆうれいが出ますように！」などと盛り上がっていました）。

また、ここでも時間を決め、成長を文の数という形で可視化します。そうすると、はじめは1文や2文しか書けなかった子も、最低でも5文は書けるようになります。多い子は15文くらい書けるようになるでしょう。さらに、書き終わった後は、隣と見せ合って、聞き取り活動をします。

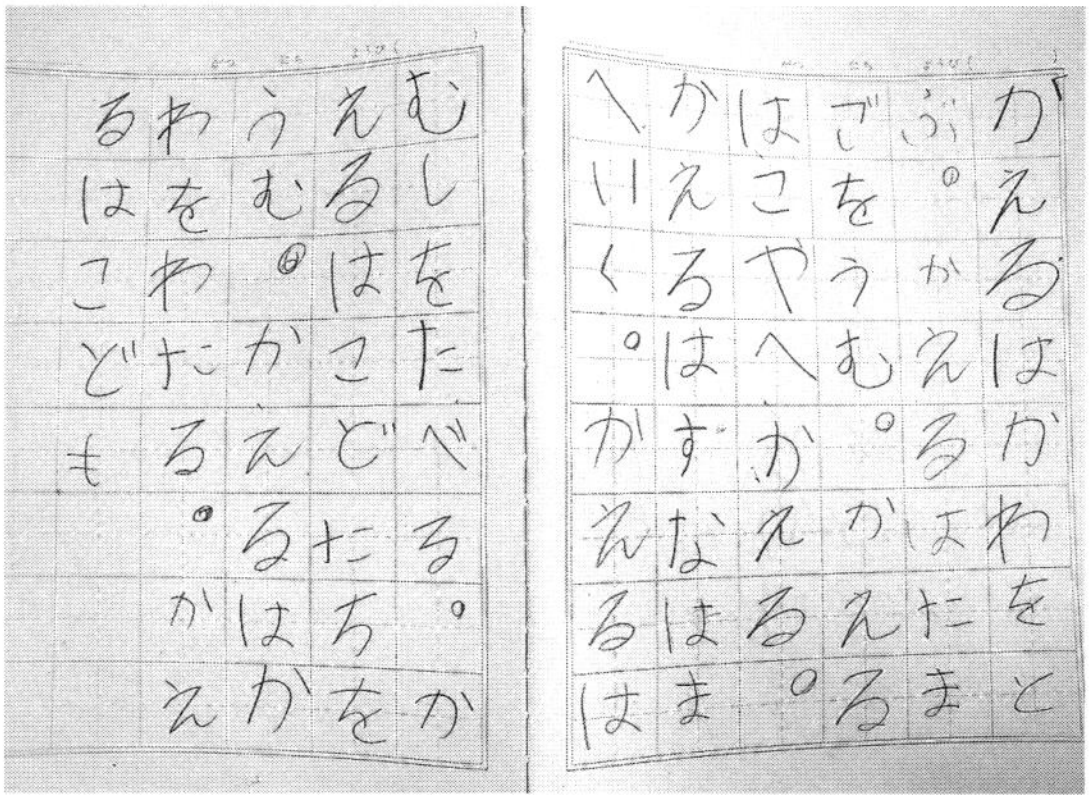

一人書きリレー（暗唱書き）

活動内容

教科書の内容を諳んじながら、あるいは読みながら書く。

手　順

1　マス目の紙を配る。拡大した原稿用紙でも可。
2　時間を決め、教科書の内容を諳んじながら（つぶやきながら）書いていく。

活動のポイントおよび解説

＊1年生の教科書には、「言語事項」で重要な要素が意図的に散りばめられています。例えば、「は・を・へ」や「っ」などです。これらはとても重要です。しかし、これらは教科書で一度教えただけではできるようになりません。慣れることが必要なのです。そのため、教科書は覚えるくらい音読させます（その「ノセ方」は音読の章で紹介します）。一人で教科書を暗唱することをクラスでは「一人読みリレー」と呼んでいました。それを「書くこと」にも活かしたのがこの「一人書きリレー」です。諳んじながら、つぶやきながら書くことで音声言語と文字言語をつなげるのです。
＊まだ教科書を暗唱できない場合は、教科書を見ながら視写してもかまいません。

とにかく、書いて書いて、書き慣れていきます。速い子だと1分間で原稿用紙3枚、１２００文字書く子もいます。大人から見ると「単純作業」ですが、意外なほど子どもは集中して、楽しく取り組みます。入学時は短かった「集中できる時間」も、このような活動を通して長くしていくのです。

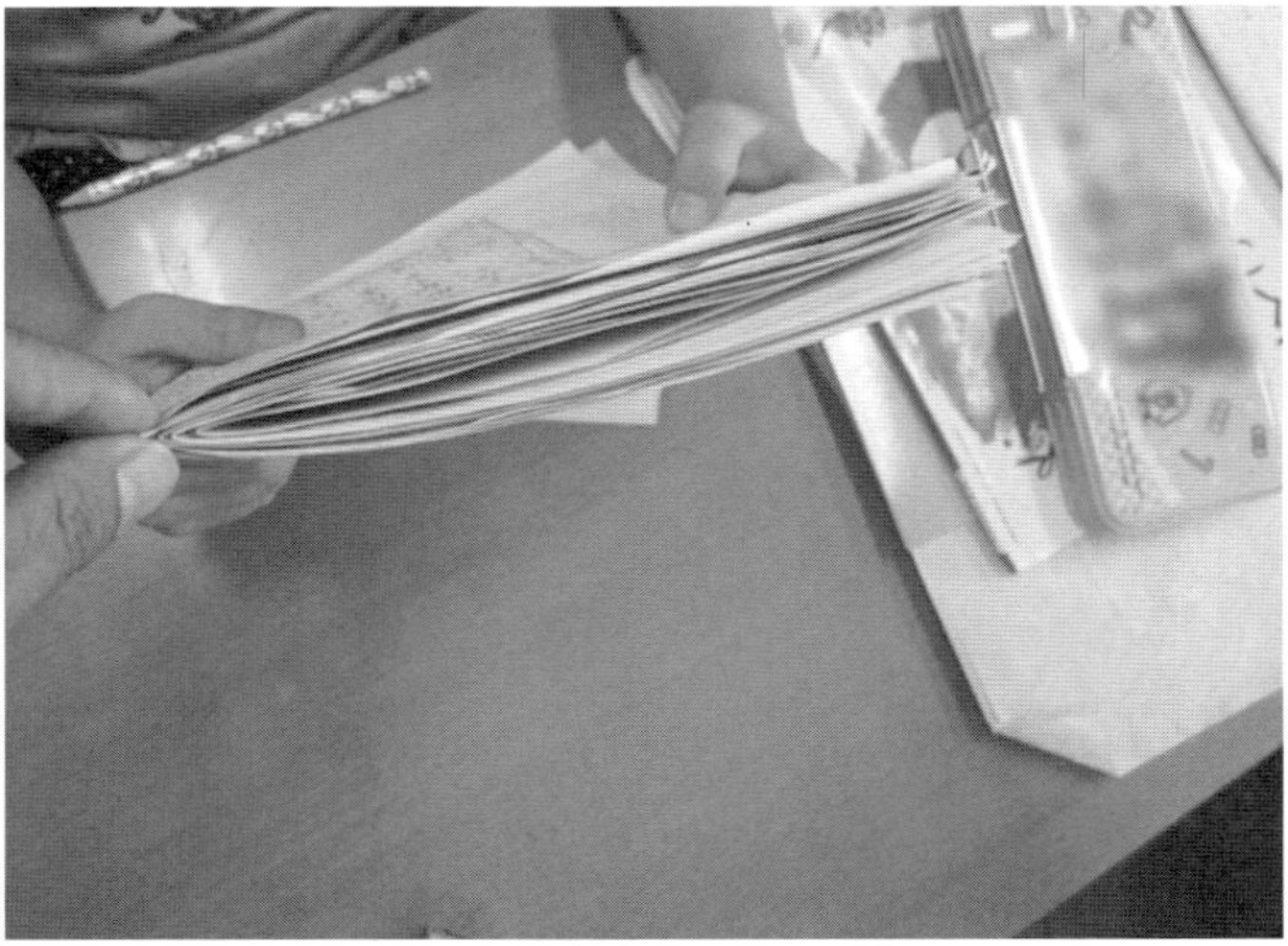

2　書きたいことをもたせる「クラス内文通」の取り組み

(1)　入門期におススメの「クラス内文通」

「書くこと」の基礎力がついたら，次は「書きたいことをもたせる」場の設定です。

理想は，子どもが楽しみながら自然と書きたいことをもち，放っておいても自ら書く，という場をつくることです。これができれば，自然と書く力はついていきます。


入門期でおススメなのは，クラス内で手紙を出し合う「クラス内文通」です。

入門期の子どもたちは，「文字が書けるようになった！」ということに喜びをもっています。その喜びのまま，お友達に手紙を書いてみるのです。

実は１年生の後半にはお手紙を書くという教科書単元がありますが，その単元では，１通を丁寧に書きます。丁寧に書くことも重要ですが，「クラス内文通」では，「たくさん，自由に」書かせることで，「書くこと」の力を伸ばします。細かいことはあまり気にせず，「書きたい！」という気持ちを大切にする取り組みです。

「クラス内文通」をすると，入門期の子どもたちは夢中になります。休み時間や給食の前など，少しでも時間が空けば勝手に書くようになります。

そんな「クラス内文通」ですが、導入の方法にもひと工夫をするとよいでしょう。私は、「はなのみち」という物語の主人公のくまさんに手紙を書かせることから始めました。そして、「手紙の紙をたくさん印刷してきちゃったんだけど、他に誰かに書いてみたい？」と子どもたちに尋ね、子どもたちから「友達に書いてみたい！」という言葉を引き出すよう仕向けました。

これが「クラス内文通」の始まりです。

クラスの実態にもよりますが、このように、自然と「書いてみたい！」という気持ちにさせてから導入するのがよいでしょう。「はい、これからクラスの友達同士で手紙を出し合うよ」と導入するよりも、子どもたち自身が「友達に書いてみたい！」と思い、主体的に始まる活動のほうが、高い意欲で取り組めます。

(2) 「取材」の難しさも「クラス内文通」でクリア

「書くこと」で一番難しいのは、書くことを決めること、見つけること、つまり「取材（選材）」です。書くことが苦手な子というのはほとんどが、「書くことがない」と言います。

例えば、日記を書かせるとき、書くことが苦手な子に話を聞いてみると、実は前の日に家族でお出かけしたり、友達と遊んでいたりしても、このように言うのです。一方、書くことが得意な子というのは、そんなに大したことをしていなくても書くことができます。

両者の違いは「取材力」です。

同じ経験をしていても、取材力がある子は書けるし、そうでない子は書けないのです。教師に求められるのは、この「取材力」を伸ばしてやることです。そのためには、子どもが自然と「書きたい」と思えるような「投げかけ」や活動設定をすることが重要です。

後に詳しく述べますが、「クラス内文通」は、子どもたちが楽しみながら、友達との「関わり」の中で書きたいことを自然と見つけられる活動です。「取材力」も伸びます。

次ページに示したのは、教師の「投げかけ」や活動設定がいかに大切か、子どもが「書きたいこと」をもつことができるかに関わるかを表すための資料です。はじめの資料は「昨日したことを何でもいいから書きましょう」と投げかけて書かせたものです。次のものは、「はなのみちのくまさんにお手紙を書いてみましょう」と投げかけて書かせたものです。明らかに、後者のほうが分量も多く、子どもらしい豊かな表現も多いことがわかります。

教師の投げかけで子どもの意欲や書く活動の質が変わってくるのです。特に入門期では、「書きたい」という気持ちはあっても、書く力、取材力は伴っていません。そのため、ダイレクトに教師の問いかけや活動設定の上手さが子どもの書いたものの質に出てしまうのです。

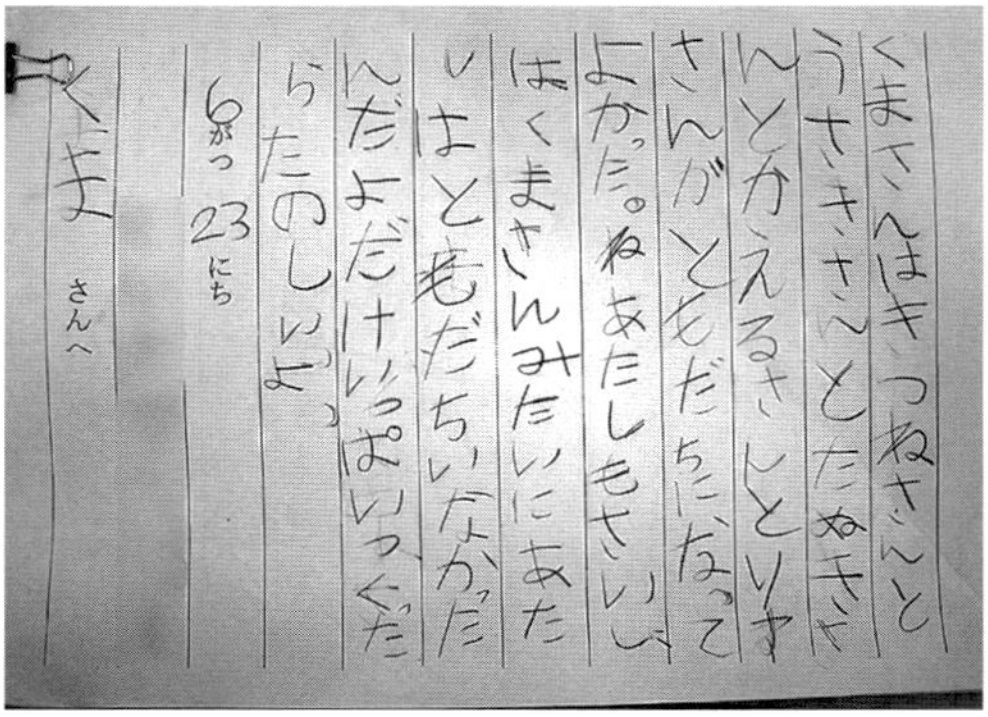

▲ A さん：After

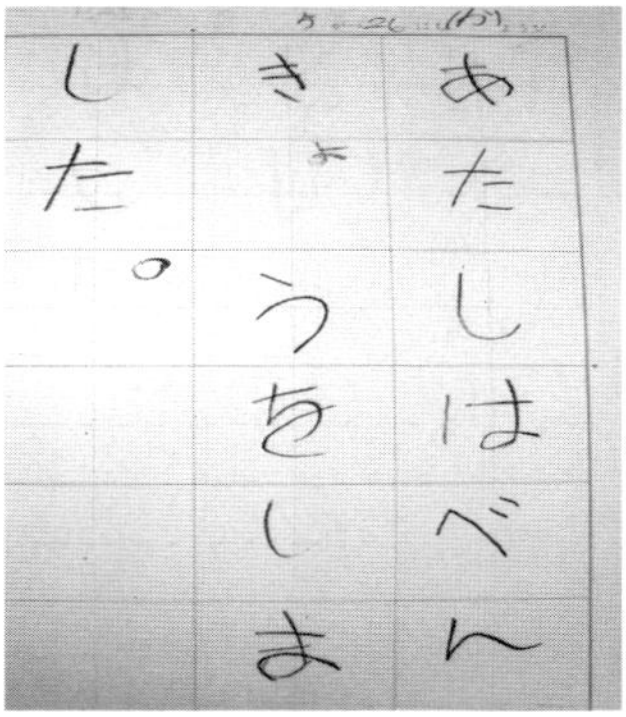

▲ A さん：Before

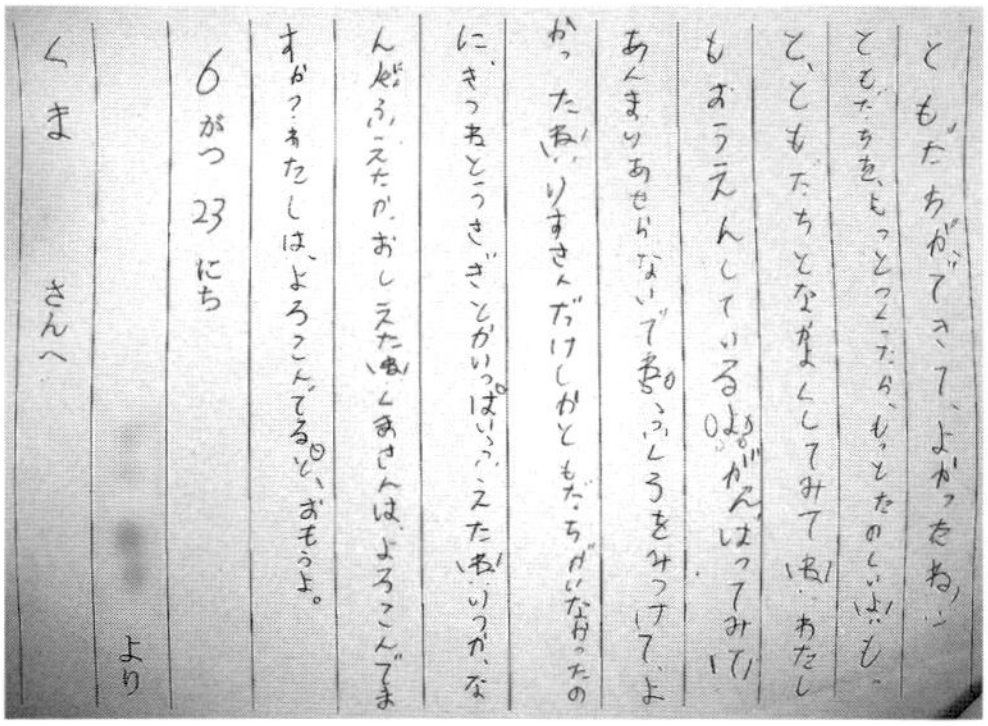

▲ B さん：After

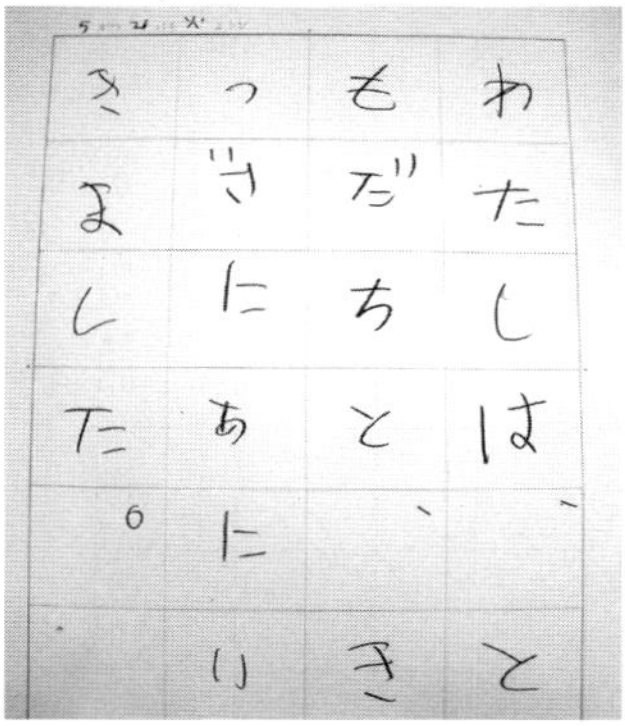

▲ B さん：Before

「クラス内文通」のやり方

活動内容

クラス内で手紙を出し合う。

手　順

1　誰に書くかを決め、手紙を書く。
2　教師の机上のポストに出す。
3　ポストに集められた手紙を教師が放課後に目を通し、子どもたちのポストに振り分ける。
4　朝、自分の郵便ポストをチェックし、手紙が来ていれば返事を書く。以下、その繰り返し。

活動のポイントおよび解説

＊「教師がポストに振り分けること」が大切です。手紙のよさは、「書いた人がその場にいなくても、いるように感じるあたたかさ」です。

＊教師が振り分けることのメリットは、子どもの書いた手紙に目を通すことができるということにあります。よく書けているものがあれば、書いた子ともらった子に了承を得て紹介するとよいでしょう。そうすることで、どのように書こうか迷う子への手だてになります。もし悪口や下品なことが書いてあっても、未然に防ぎ、書いた子に指導することができます。

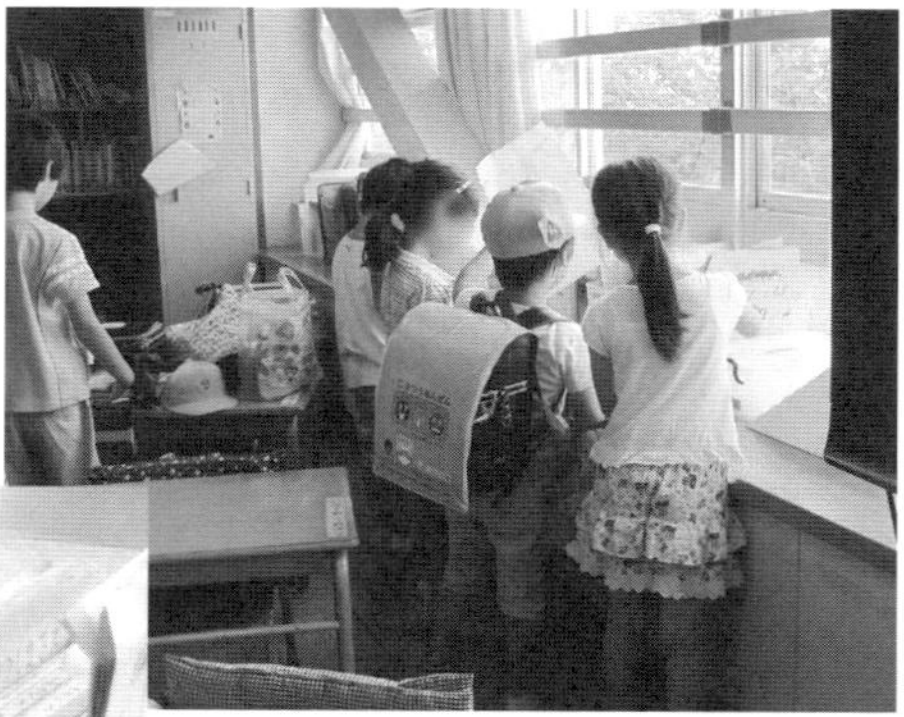

▲朝登校すると同時にポストに群がる
子どもたち

▲子どもたちのポスト

▲教師の机上の郵便ポスト
一旦ここですべて集める。

⑶　「クラス内文通」のメリット

クラス内文通のメリットはたくさんありますが、大きくは3点挙げることができます。

ひとつ目は、「自分の思いを書くことができる」ということです。「基礎の徹底」では、「自分の考えていることや思いを書く力」はつきません。これは、今まで述べてきたように、書きたいことを見つけること、つまり「取材」に関することです。子どもたちにとって取材は非常に難しいことですが、「クラス内文通」では、友達との関わりを通して、自然と書くことを見つけることができます。例えば、次のような手紙です。

これは、席替えをして、席が離れてしまった友達に宛てた手紙です。もらった子は、手紙を読んでうれしい表情を浮かべていました。

このような出来事なら学校生活でいくらでもあります。友達と関わりながら、自然と取材していくことができるのです。

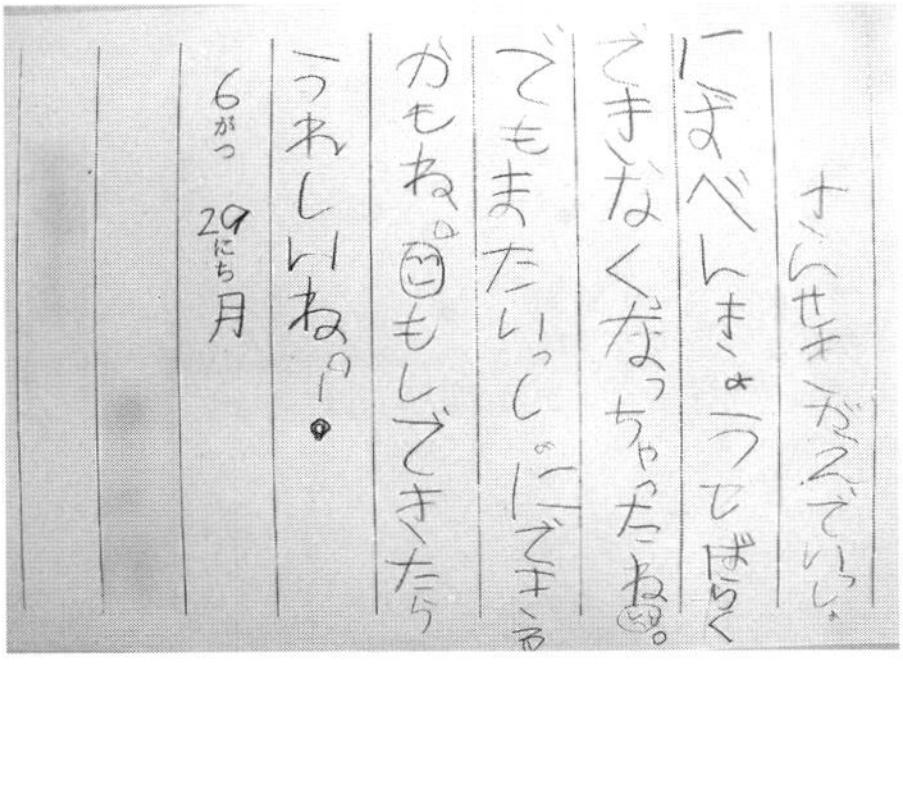
さんせきがえでいっし
ょにべんきょうでばらく
できなくなっちゃったね。
でもまたいっしょにできる
かもね。もしできたら
うれしいね。
6がつ　29にち月

メリットの2つ目は、「書く機会を保障する」ということです。

この活動を6月終わりから7月終わりにかけて1か月行いましたが、1日平均90枚、最高で147枚の手紙が出されています。クラスは30名でしたので、1人3枚は1日に書いているということになります。

しかも、この手紙を書く時間というのは、授業中ではありません。すべて授業以外の時間に書くのです。つまり、朝の時間、休み時間、給食の前後の時間を子どもたちが自主的に使って書いているのです。

こちらから、「書きなさい」とは言いません。自分から「○○さんに手紙を書きたい！」とか「お返事書かなきゃ！」と言って、うれしそうな表情で書くのです。

強制されることなく「書く機会を保障」でき、書き慣れていくことができます。

メリットの3つ目は、「子どもたちの関係づくりができる」ということです。

学級経営のためだけに行ってもいいくらい、「学級経営」に非常に役立ちます。おしゃべりがあまり得意でない子や友達に自分から話しかけるのが苦手な子が、友達にとてもいい手紙を書いていることが何度もありました。学校では、どうしても明るい子、おしゃべりが得意な子にスポットライトが当たり、友達が集まってきがちです。「クラス内文通」を活用すると、そうでない子も友達と積極的にコミュニケーションが取れたり、友達を増やせたりするのです。

(4)　実例で見る「クラス内文通」

子どもたちが実際に書いた手紙をいくつか紹介します。

○朝、母親と離れるのが寂しくていつも泣きながら登校してきていた子に対する手紙

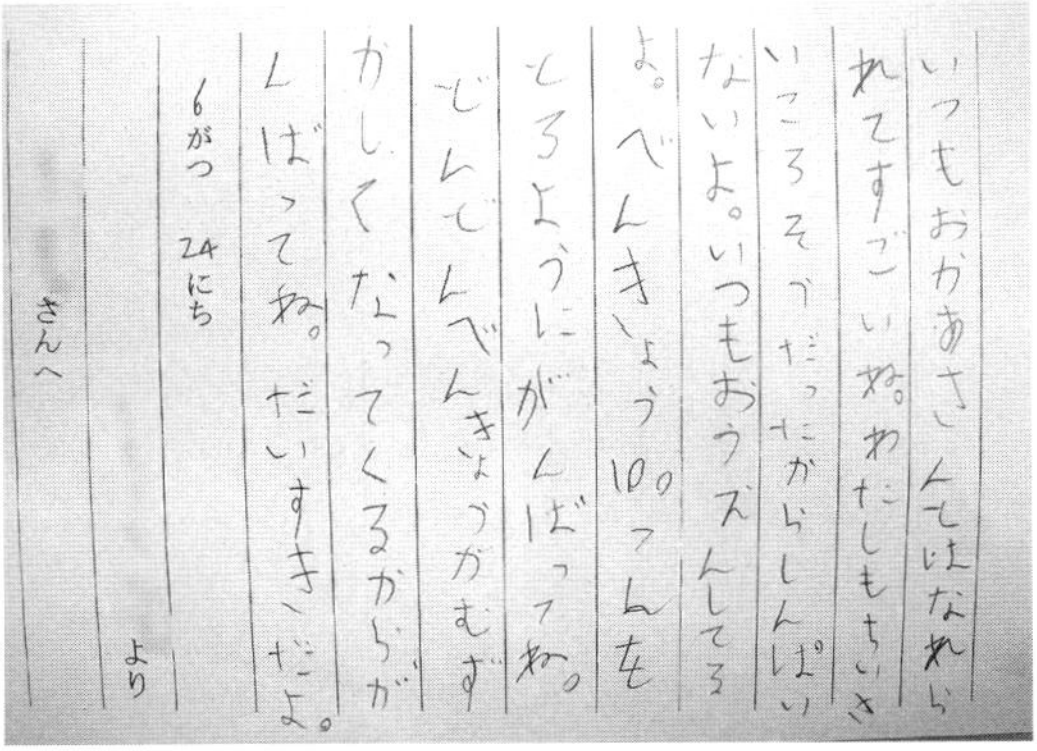
いつもおかあさんてはなれら
れてすごいね。わたしもちいさ
いころそうだったからしんぱい
ないよ。いつもおうちズんしてる
よ。べんきょう10。てんを
とるようにがんばってね。
でんでんべんきょうがむず
かしくなってくるからが
んばってね。だいすきだよ。
6がつ　24にち
より
さんへ

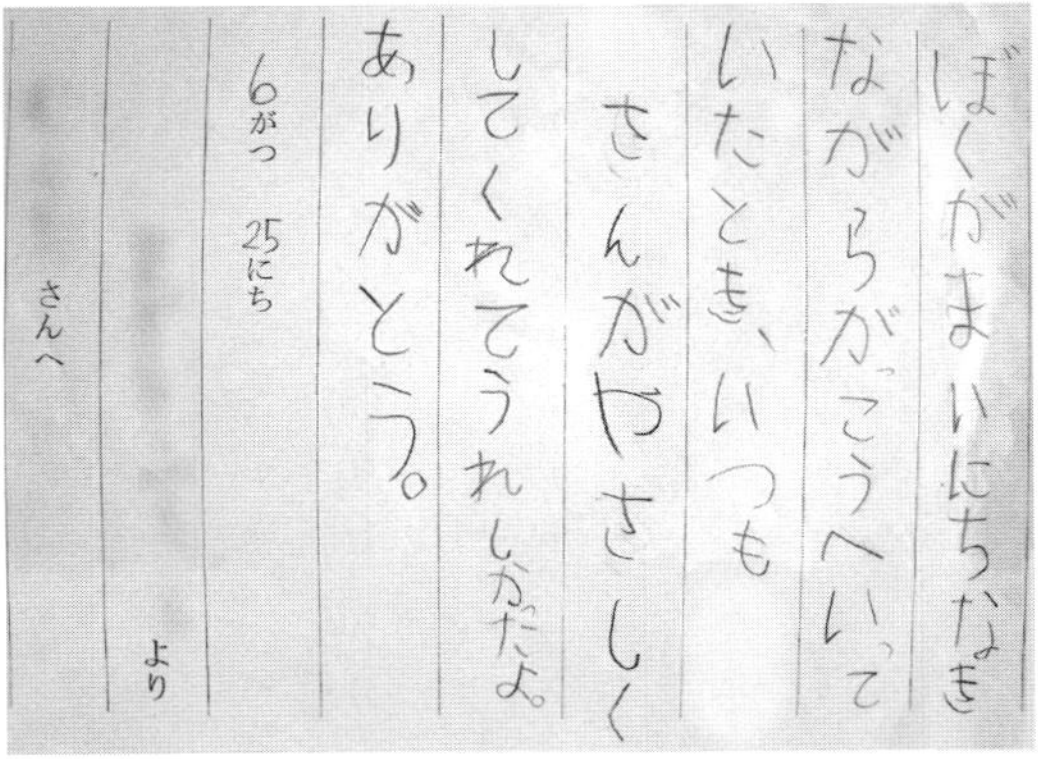
ぼくがまいにちなき
ながらがっこうへいって
いたとき、いつも
さんがやさしく
してくれてうれしかったよ。
ありがとう。
6がつ　25にち
より
さんへ

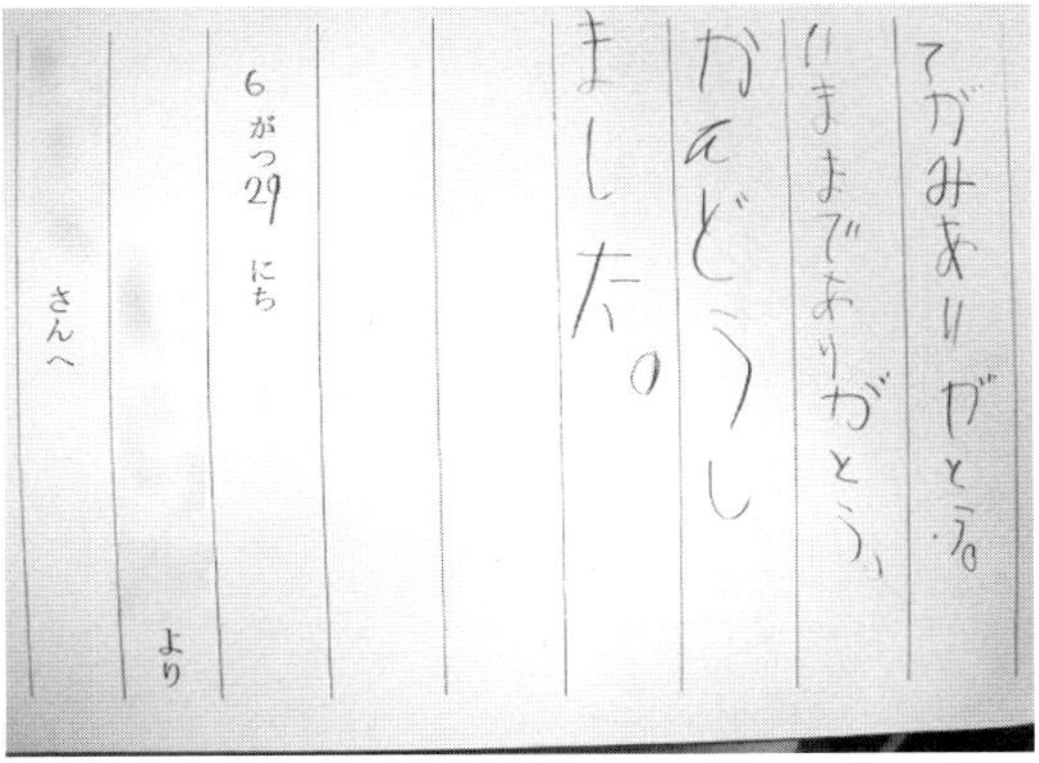
てがみありがとう。
いままでありがとう、
かんどうし
ました。
6がつ29にち
より
さんへ

1枚目、「わたしもそうだったからしんぱいないよ」という言葉にどれだけ救われることか、はかりしれません。

2枚目は、同様に、自分がつらいときに、だまって手を引いて席まで連れていってくれて、朝の身支度を手伝ってくれた友達に感謝の気持ちをどうしても伝えたかったのでしょう。

3枚目は、2枚目の手紙への返事です。このお手紙をもらった子どもは「聞くこと」でも紹介したM君です。M君は書くことが非常に苦手で、「先生、どんなふうにお返事書いたらいいかわかりません」と私に訴えてきました。話を聞いてみると、「うれしくてかんどうした」と口にしました。それをそのまま伝えたらいいよ、と助言し、書いたのがこの手紙です。M君はこのときはこれが精いっぱいでしたが、その後手紙を通じて「書くこと」の楽しさを知り、ぐんぐん伸びていきました。

○第三者からの手紙

活動を始めた当初は「何かしてもらった」友達に書くというものが多かったです。しかし、日を経ると、次に挙げたような、自分が直接何かしてもらったわけではないが、書くものが出てきました。

このように「第三者」の視点からも「やさしくしててえらいね」などと言えるのは、「友達を見る目」がよく育ち、積極的に取材している証拠です。

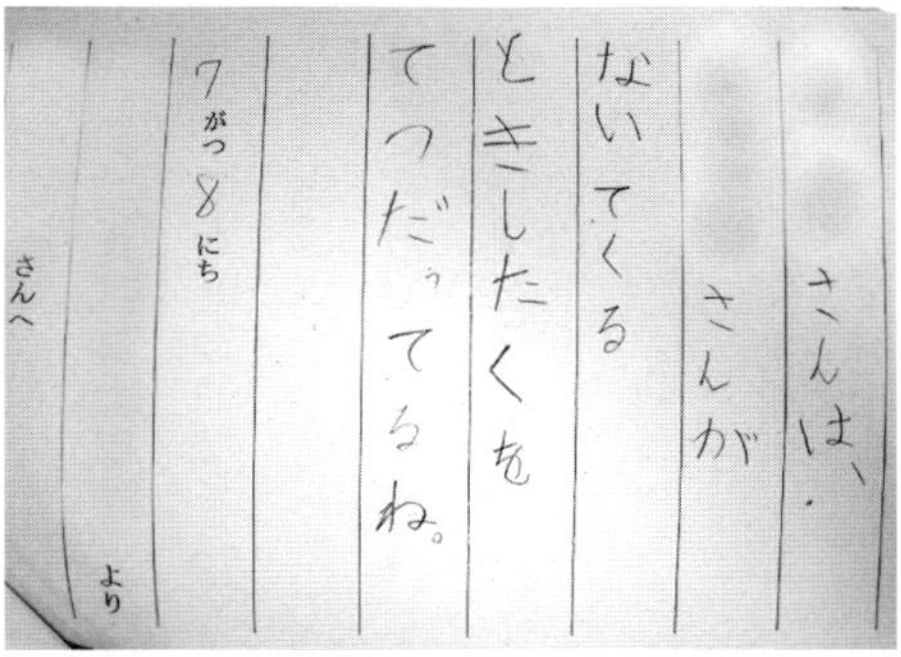

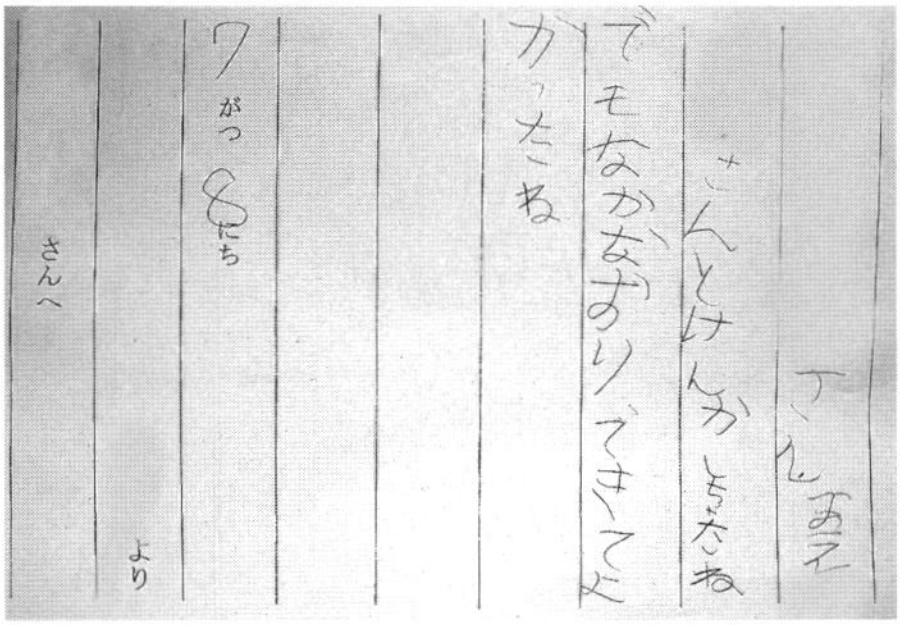

これらの手紙は、書いた本人と、もらった子どもに了承を得て、随時子どもたちに紹介していきます。そうすることによって、「そういうふうに書けばいいのか！」とか、「僕もあの言葉使ってみよう！」というようにみんなで高め合っていくことを意識しました。

このように紹介するためにも、前述したように教師が目を通しておくことが重要です。

(5) 停滞しそうなときに打つ手だて

放っておいても子どもたちがどんどん手紙を書いて、書くことを楽しみながら書く力をつけていく「クラス内文通」。しかし、どんな学習活動や教育技術がそうであるのと同じく、万能だということではありません。

本来、手紙は毎日書くようなものではないので、ずっと続けていくと、書くことがなくなってきます。活動が停滞しそうなとき、具体的には、子どもたちが出す手紙の総数が減ってきたときや、今までは隙間時間に手紙を書いていた子があまり書かなくなってきたときなどに打つ手だてを2つ紹介します。

○お手紙マスター表

書くことがなくなる要因のひとつが、「同じ相手に何度も書くこと」です。

取材の目を広げるという点や子ども同士の関係づくりという点においても、できる限りいろいろな子に書かせることを意識しましょう。そのため、写真のような「お手紙マスター表」をつくり、配りました。

手紙を出した友達の欄にチェックを入れていき、全員に1通出すとシールがもらえるというシステムです。1年生にとっては「シール」というのはとても魅力的なようで、再び積極的に取り組むようになりました。

また、自分が手紙を出していない友達を明確にできることで、その子のことをよく見てどんなことを書こうか考える子が出てきました。先に挙げた「第三者からの手紙」などはその最たる例です。「取材」する対象を明確化するという効果もありました。

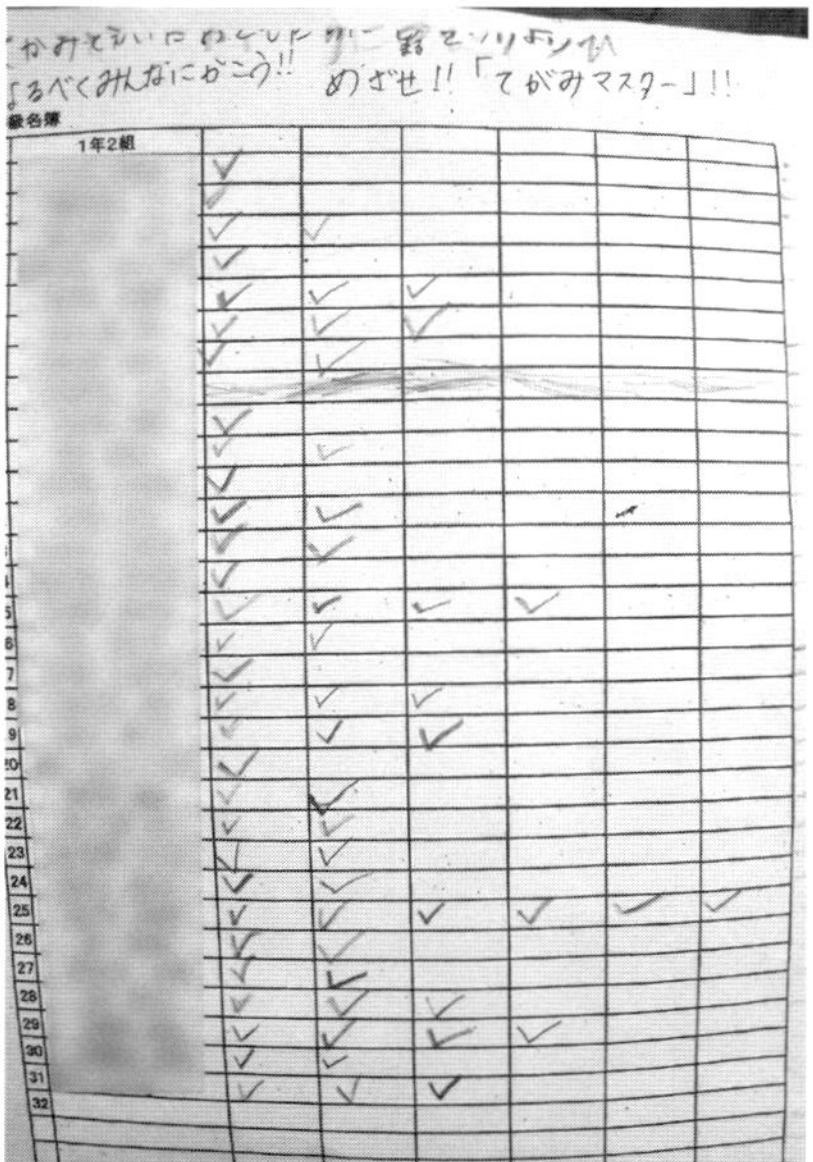

○お手紙メモ

　お手紙マスター表で「友達のことをよく見よう」という意識を耕した後に導入したのが「お手紙メモ」です。

　取材しようと思っても、ただ見ただけでは忘れてしまうものです。そのため、写真のようなメモを取らせるようにしました。

　これを使って、簡単な「取材」を経験させました。すると、メモを書けるとどんどん手紙が書けることに子どもが気づいていきました。

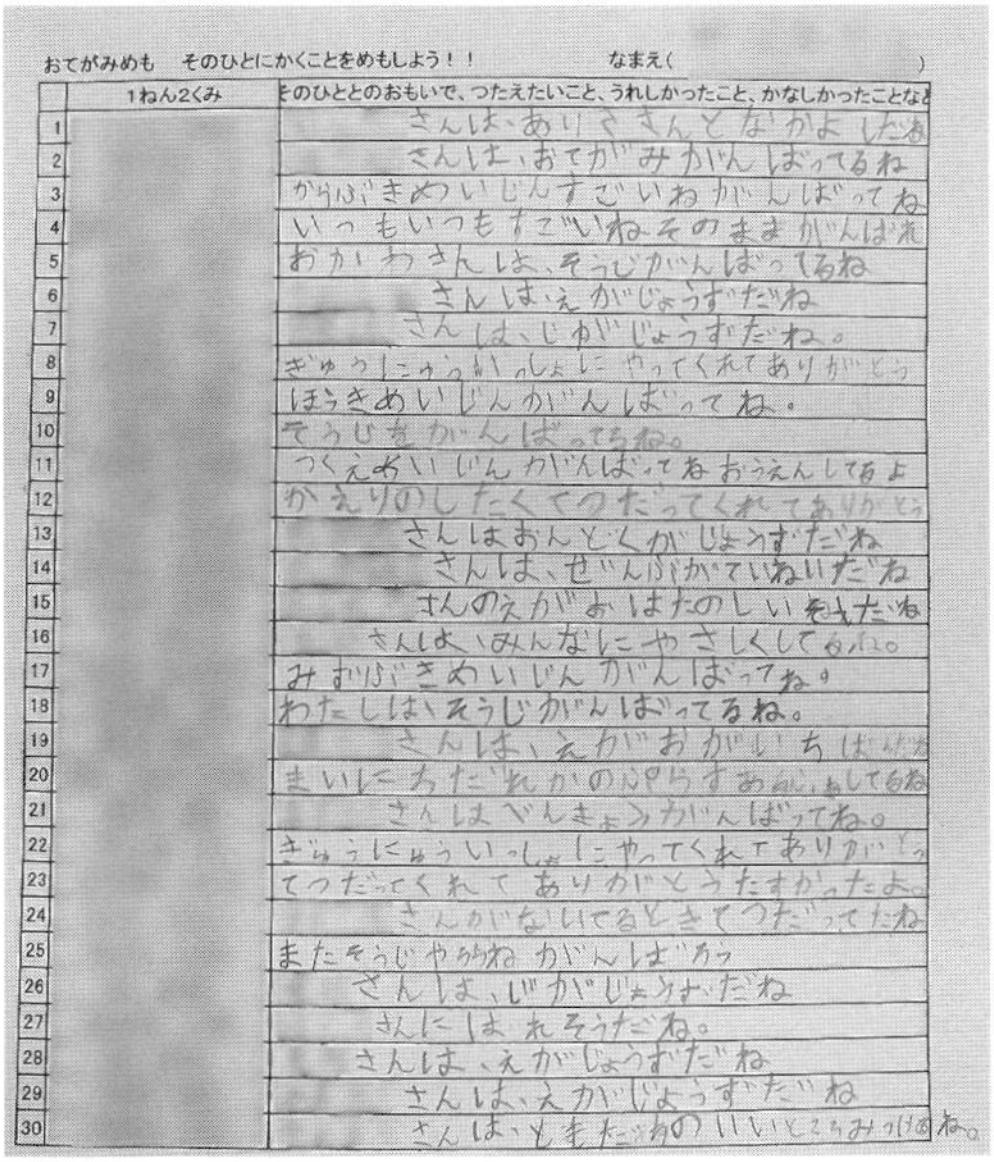

おてがみめも　そのひとにかくことをめもしよう！！　なまえ（　　）

	1ねん2くみ	そのひととのおもいで、つたえたいこと、うれしかったこと、かなしかったことなど
1		さんは、ありささんとなかよしだね
2		さんは、おてがみがんばってるね
3		からぶきめいじんすごいねがんばってね
4		いつもいつもすごいねそのままがんばれ
5		おかいわさんは、そうじがんばってるね
6		さんはえがじょうずだね
7		さんは、じがじょうずだね。
8		ぎゅうにゅういっしょにやってくれてありがとう
9		ほうきめいじんがんばってね。
10		そうじをがんばってるね。
11		つくえめいじんがんばってねおうえんしてるよ
12		かえりのしたくてつだってくれてありがとう
13		さんはおんどくがじょうずだね
14		さんは、ぜんぶがていねいだね
15		さんのえがおはたのしいそうだね
16		さんは、みんなにやさしくしてるね。
17		みずぶきめいじんがんばってね。
18		わたしは、そうじがんばってるね。
19		さんは、えがおがいちばんだね
20		まいにちだれかのぶらすあんしんしてるね
21		さんはべんきょうがんばってね。
22		ぎゅうにゅういっしょにやってくれてありがとう
23		てつだってくれてありがとうたすかったよ。
24		さんがないてるときてつだってたね
25		またそうじやろうねがんばろう
26		さんは、じがじょうずだね
27		さんにはれそうだね。
28		さんは、えがじょうずだね
29		さんは、えがじょうずだね
30		さんは、ともだちのいいところみつけてるね。

　このように、「活動が停滞したときに……」ということも想定し、目の前の子どもたちに合わせた手だてを打ったり、アレンジしたりして活動を進めていくことが大切です。

⑹　手紙の質を高める指導

　ある程度取り組みを進めていくと、次のような手紙を書く子が出てきました。クラス全員に対して、

「いつもあそんでくれてありがとう」という手紙を出したのです。

　たしかに「みんなに手紙を書こう」という意欲はいいのですが、これでは思考が働いておらず、「取材」もしていないため、力がつきません。「お手紙マスター表」の導入や、シールをもらいたいという気持ちから、こうしたことは起こり得ます。そこで、次のような授業をしました。

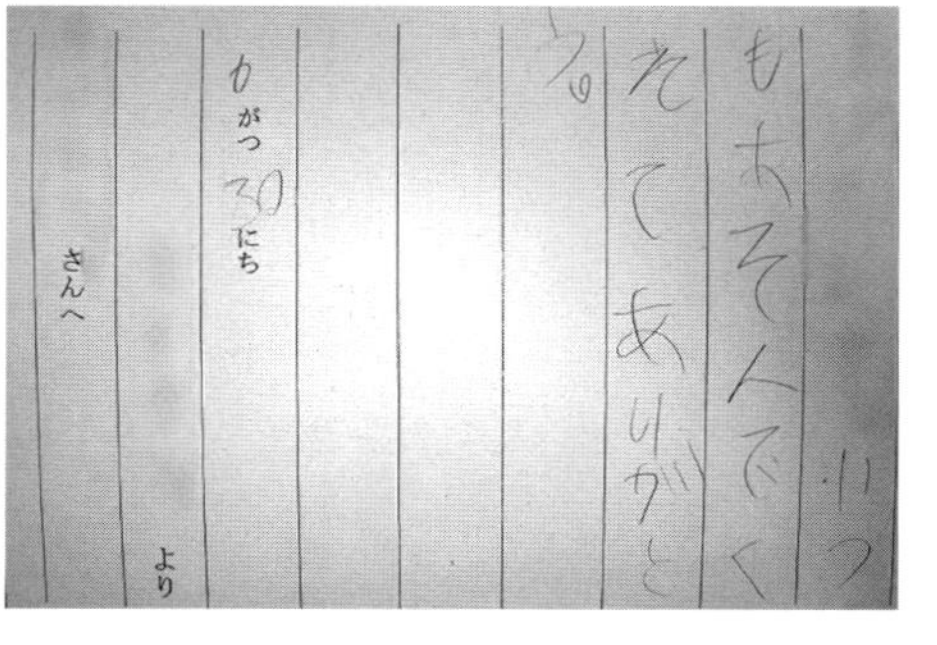

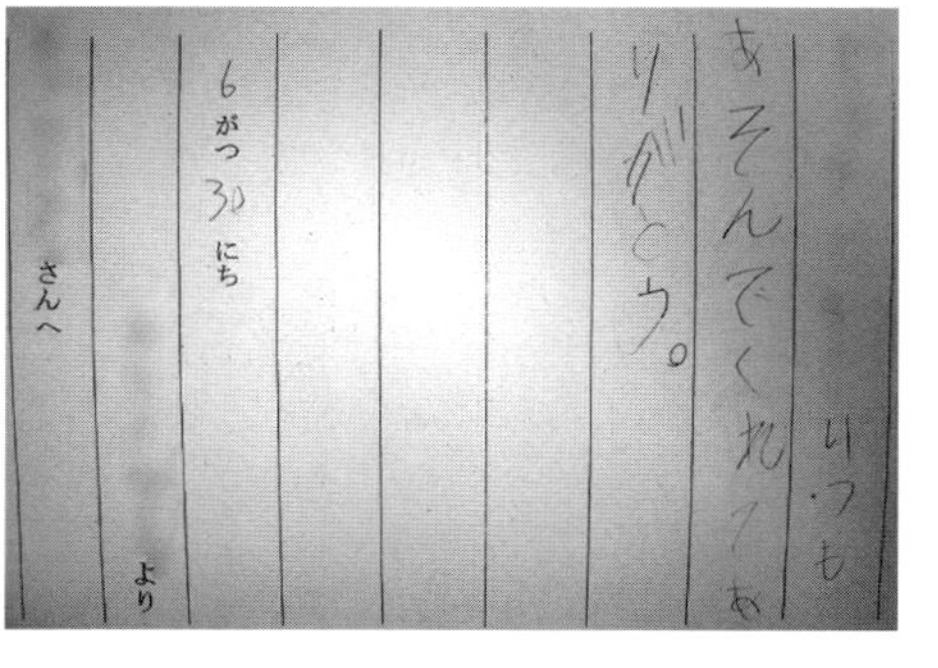

　まず「もらえて一番うれしかった手紙を選ぼう」と選ばせ、机の上に置かせました。それらは、大人の目から見ても「よく書けているなあ」と思うものがほとんどです。つまり、「よい手紙」という感覚は子どもも大人もさして変わりません。ということは、クラスで「よい手紙とは」という定義についてある程度の共通認識が築けるということです。
　子どもたちの「もらえて一番うれしかった手紙」の中から、1枚を選び、書いた子ともらった子に了承を得て、「よい手紙の見本」とします。そして、私が書いた「悪い見本」と比べさせることにしました。

話すこと・聞くこと
書くこと
読むこと
言語事項

「先生の書いた手紙（悪い例１）とＩさんが書いた手紙、どっちがいい？」と聞くと、即座に「Ｉさん！」という声が返ってきました。子どもからは、「先生のは短すぎるよ」という意見が出ました。そこで、悪い例２を提示し、「これならいいでしょう？」と聞くと、子どもたちは「ダメー!!」と口をそろえて言います。「先生のは同じ言葉をずっと書いている」「何がありがとうなのかわからない」といった意見が出てきました。

これらの悪い例を踏まえて、次のように「よい手紙」の条件をまとめました。

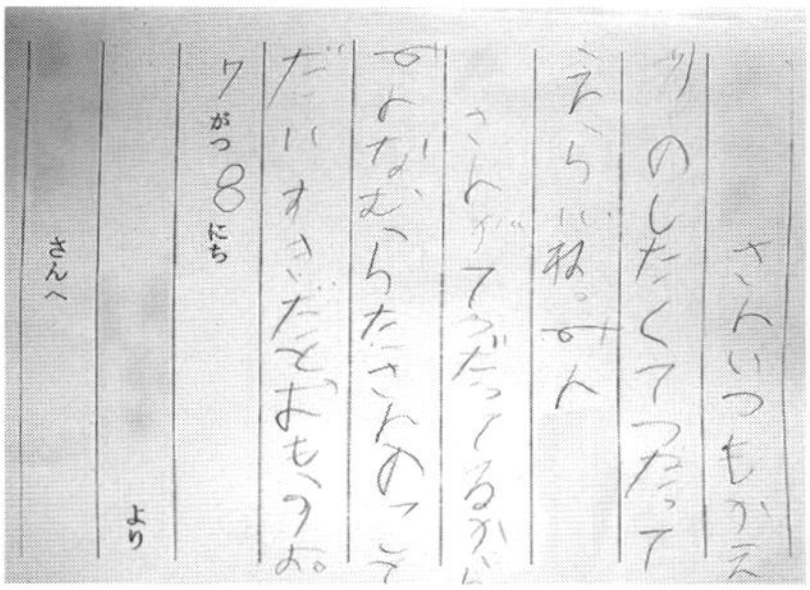

▲よい例

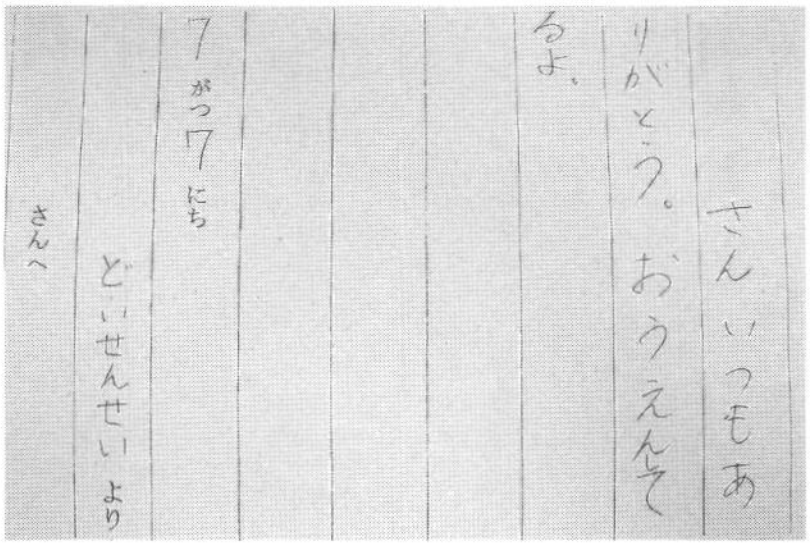

▲悪い例１

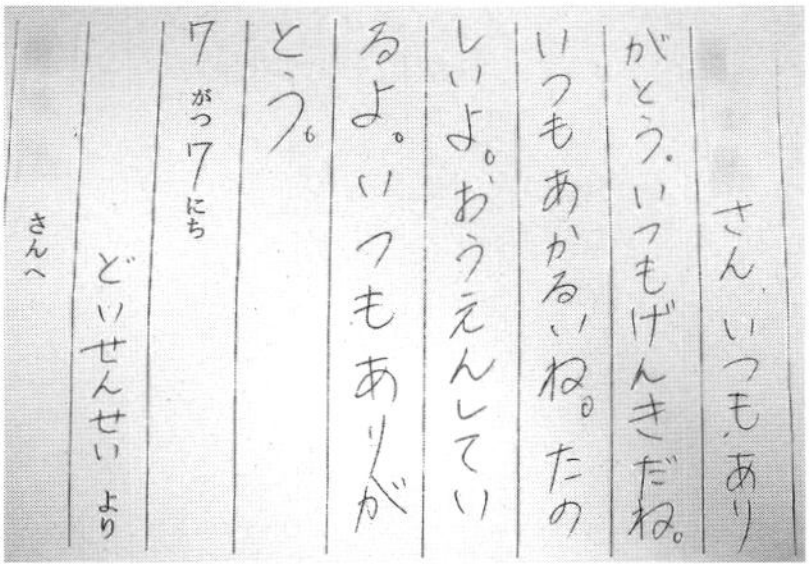

▲悪い例２

・短すぎない。詳しく書く。
・同じ言葉を繰り返さない。
・「誰にでも書けること」はあまり書かない。

この指導の後、同じ内容を書いていた子が書いた手紙が次のものです。

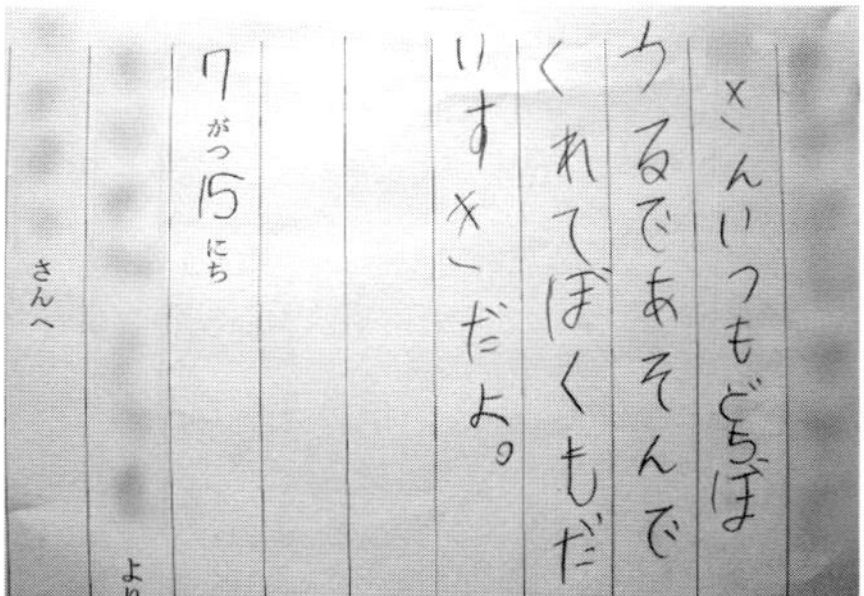

書く内容が少し詳しくなり、「あそんでくれてありがとう」という「誰にでも書けること」ではなく、「その相手にしか書けないこと」を書くようになってきています。

⑺　「クラス内文通」の効果―２人の成長を通して―

「クラス内文通」は、もともと書くのが好きな子は、放っておいてもどんどん自分から手紙を書いて書く力を高めていきます。

一方、書くのが苦手な子にとってはどうでしょうか。「クラス内文通」は、そんな子にとっても「有効」に働きます。ここでは、書くことを苦手としていた子たちの成長をお見せします。

まずは、手紙の返事に困っていたＭ君。私と一緒に考えながらなんとか書いた手紙が、次のページ

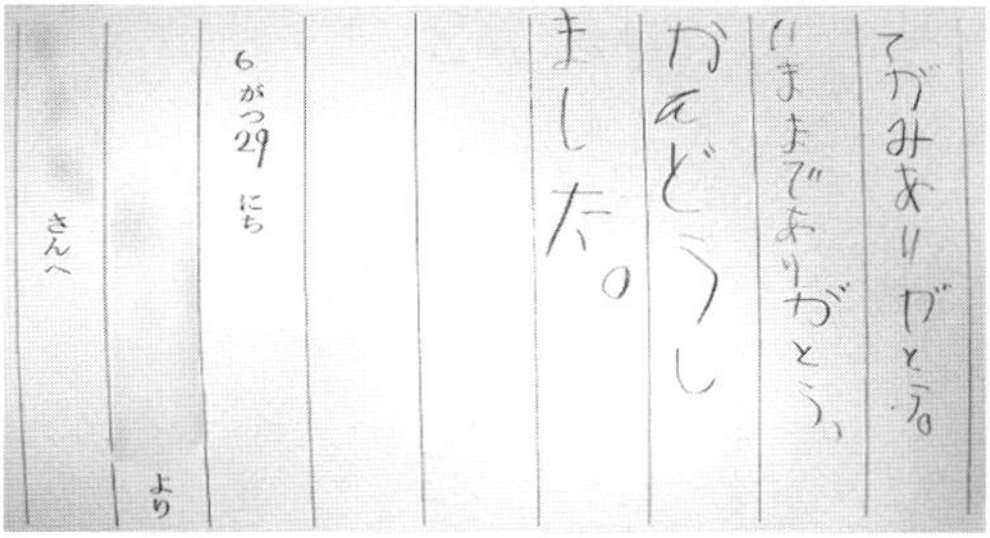

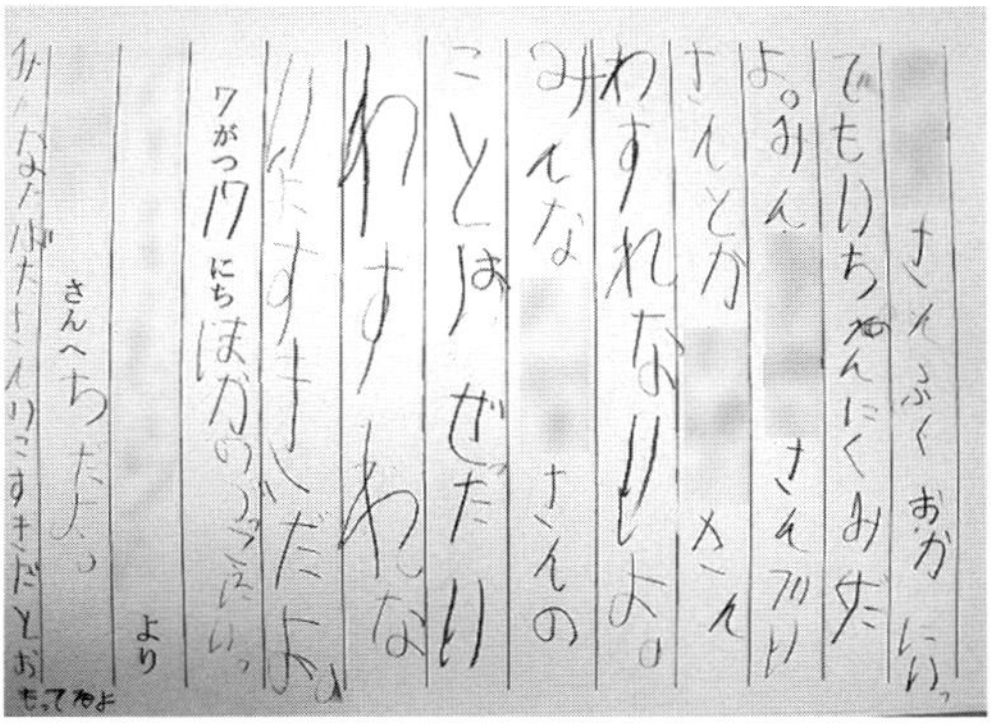

上段の手紙でした。そして、夏休み前に転校してしまうことが決まったAさんに対して書いた手紙が下段の手紙です。

書く量が圧倒的に増えています。たった1か月足らずの間に、です。しかも、Aさんに向けた手紙は、教師は何のアドバイスも手助けもしていません。すべて自分一人で書いてきたものなのです。

あとでわかったことですが、「みんなAさんのことすきだとおもうよ」という書き方は、実際にM君が友達からの手紙に書いてもらったことだったようです。その喜びから、Aさんに向けての手紙にも書いたようです。

このように、「クラス内文通」では、「友達から学ぶ」ということもできます。

また、全員に同じ内容の手紙を書いていたT君も、次ページ写真のように、まだまだ繰り返しが多いですが、量を書けるようになってきており、自分の気持ちをどうにか伝えようとしています。しかも1枚を埋めると、2枚目を取りに来て楽しそうに書いていました。

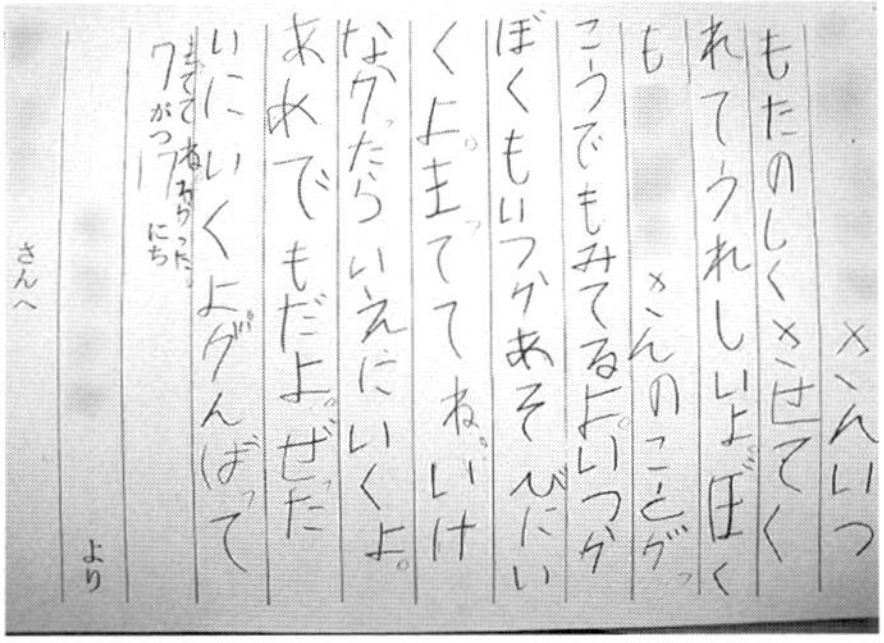

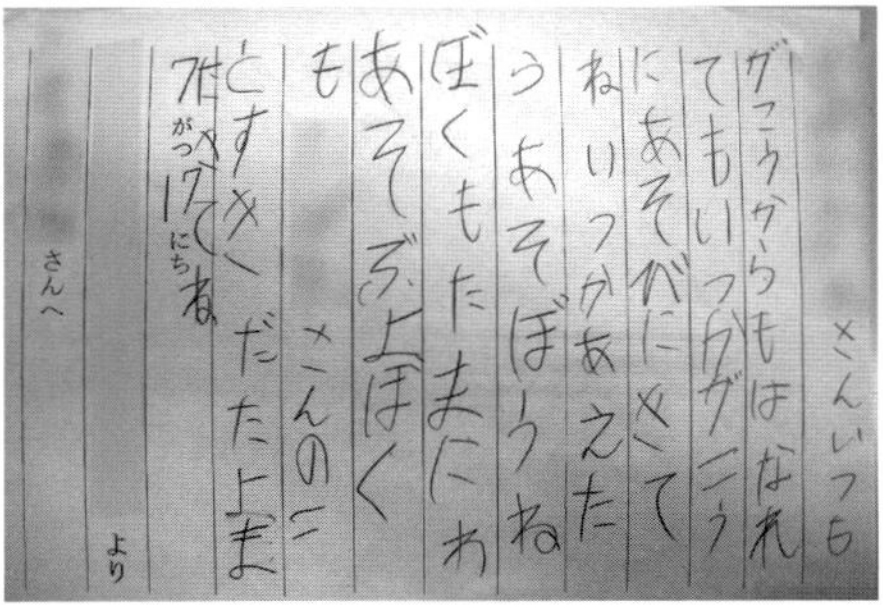

もともと書くことが好きな子は、どんどん書き、多い子は5枚も書いていました。入門期である夏休み前の時期にこれだけ自分の思いを書ければたいしたものだと思います。

このように、「クラス内文通」は、1年生の入門期であっても、必ず子どもの書く力を伸ばすことができます。ぜひ、お試しください。

3　つけたい力を明確にした日記指導

(1)　日記指導を通して育てたい力とは

前項のように、子どもたちが夢中になって取り組んだ「クラス内文通」でしたが、私のクラスでは、夏休みまでの実施としました。

理由はいくつかありますが、最大の理由は「手紙は相手のことを書くもの」で、「自分のこと」を

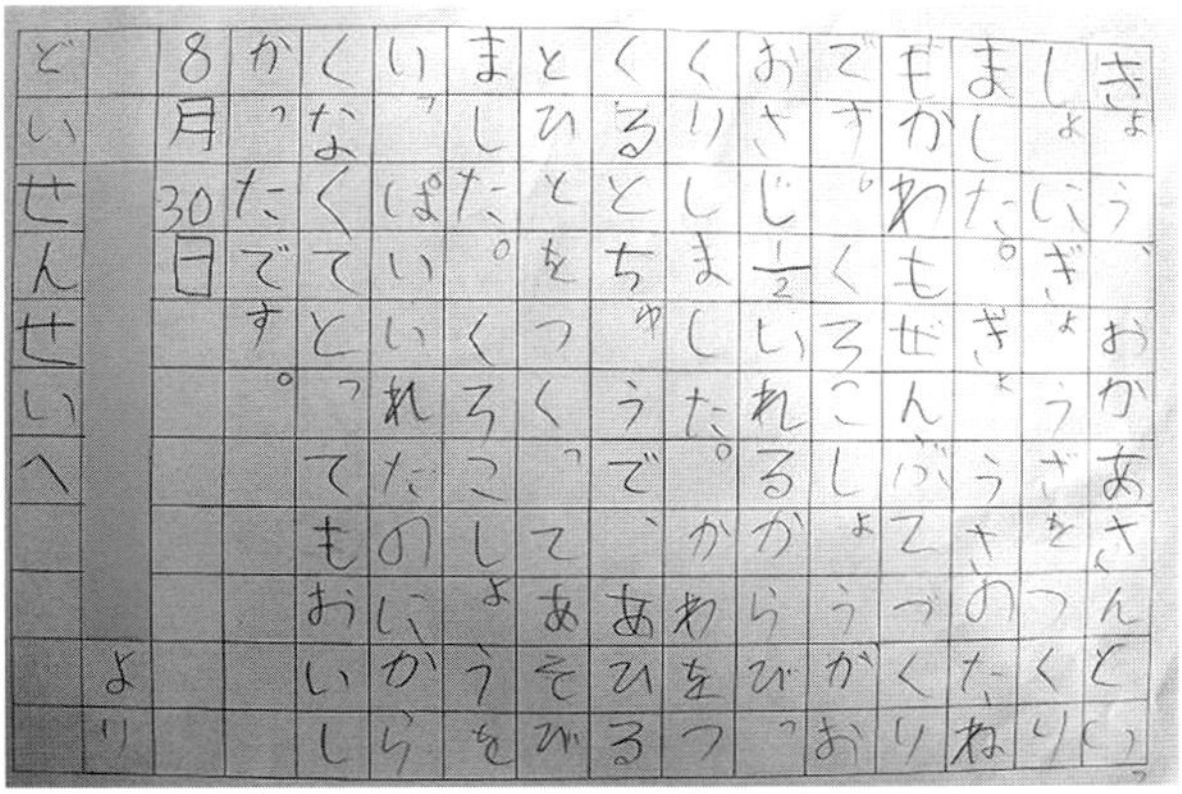
きょう、おかあさんといっ
しょにぎょうざをつくり
ました。ぎょうざのたね
もかわもぜんぶてづくり
です。くろこしょうがお
おさじ1/2いれるからびっ
くりしました。かわをつ
くるとちゅうで、あひる
とひとをつくってあそび
ました。くろこしょうを
いっぱいいれたのにから
くなくてとってもおいし
かったです。
8月30日
より
どいせんせいへ

書くのには向いていないからです。それでは「自分のこと、考えたことや思ったこと」を書く力が高まっていきません。また、「相手のこと」は書くことがなくなりがちです。一方、「自分のこと」は書くことがたくさんあり、続けていくのにも適しています。次第に「自分のこと」を書かせるようにシフトさせていかなければなりません。

夏休み明け、上のような手紙を私宛に書いてきた子どもがいました。この手紙は、私宛にはなっていますが、内容は「自分のしたこと」です。内容としてはほとんど日記です。これを子どもたちに紹介し、「これから、こんなふうに自分のしたことや考えたことを先生に書いて出してください。これを『てがみにっき』としましょう」と話し、手紙から日記へシフトチェンジを行いました。

日記指導を進めていくに当たっては、非常に重要なことがひとつあります。それは、「漠然と書かせず、どんな力を育てたいか」を明確にすることです。どんな力を育てたいかは、教師によって違っていいのですが、「日記でどんな力を育てるか」ということに自覚的になることが必要です。

私自身は、日記で「書く力」はもちろん、「ひとつのことを深く見つめる力」も育てたいと思っています。毎日、日々は過ぎ去っていきます。平凡な毎日でも、「ひとつのことを深く見つめること」ができれば、そこに「価値」や「意義」を見出すことができるからです。

このように、「どんな力を育てたいか」がきちんと定まれば、自ずと指導することも見えてきます。指導することが明確になれば、子どもに求めることも明確になります。その結果、子どもにつけてあげられる力も明確になるのです。

それでは、どのようにして私が「ひとつのことを深く見つめられる力」を育てていったかを示していきたいと思います。

(2) 進級制度で基準を見える化する

日記をただ漠然と書かせないために、「進級制度」を設けます。明確に評価基準を設けるのです。私の学級では、次のようにしました。

〈日記進級制度〉

3級……全員3級からスタートする。文字をきれいに濃く、大きく書ければ合格。2級用紙をもらえる。

2級……「題名のつけられるもの」をきれいに大きく書けたら合格。1級用紙をもらえる。
1級……「今まで気づかなかったこと」をきれいに大きく書けたら合格。原稿用紙をもらえる。
3級用紙：100字程度のマス目。
2級用紙：200字程度のマス目。
1級用紙：300字程度のマス目。
原稿用紙：400字のマス目（ただし、サイズはA3判に拡大してある）。

ある一人の男の子J君の3級から1級合格に至るまでの「成長の軌跡」をお見せしながら、「合格基準」について説明していきましょう。

3級の合格は、きれいで濃い大きな「字」を書けることです。それには、2つの理由があります。ひとつは「その気になれば全員が合格できる」ということ。もうひとつは、1年生の中頃から「字のきれいさ」について指導を入れていく必要があるからです。

これまでは字をきれいに書くことについては、そこまで徹底して指導してきていません。「書く楽しさ」を味わわせることを最優先していたからです。しかし、字が汚いまま、2年生に送り出

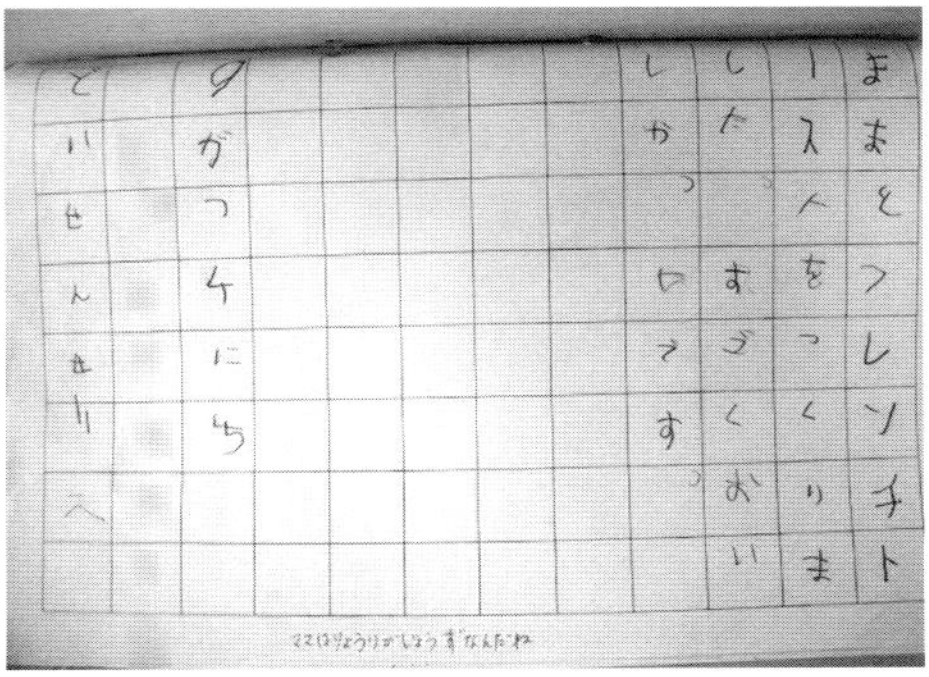
〈3級不合格〉

すことはできません。そこで、日記の「進級制度」を利用して指導していくのです。

このように、「合格基準」を示すだけでも、「字をきれいに書こう」という気持ちになり、グッと字が丁寧になります。J君は前ページのように、決して書くことが得意な子ではありませんでした。しかし、合格基準を明確にすることで、上のように、きれいで濃い大きな字が書けるようになりました。

〈3級合格〉

次に2級です。ここが一番肝心です。「題名のつけられるもの」というのは、「ひとつのことを深く考え、詳しく書かせるため」の合格基準です。「題名のつけられないもの」とは、例えば、次のようなものです。

> 今日、朝起きてごはんを食べました。おいしかったです。学校に行きました。そして勉強をしました。疲れました。家に帰ってから、公園に遊びに行きました。楽しかったです。そのあと家に帰って夜ご飯を食べました。おいしかったです。そして、テレビを見て、お風呂に入って寝ました。

このような日記には「題名」をつけることができません。ひとつのことを深く、詳しく書くのではなく、「万遍なく」書いているからです。しかし、何も指導をせずに日記を書かせると、このような文章を書いてくる子が大量発生します。これは1年生に限らず、です。そのため、「題名のつけられ

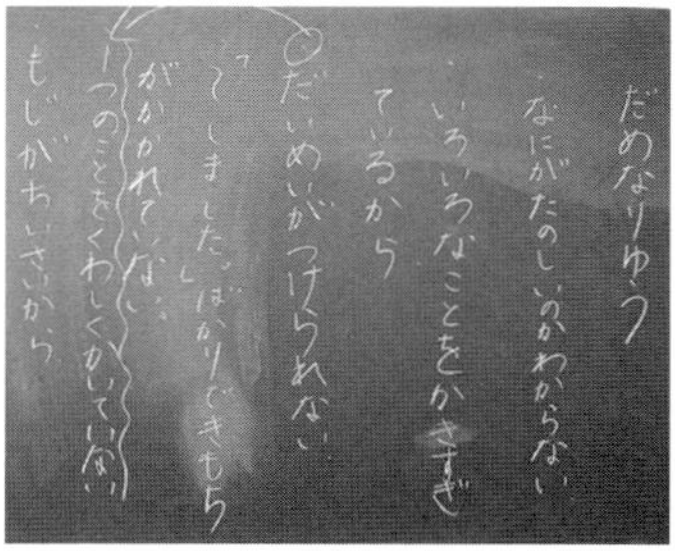

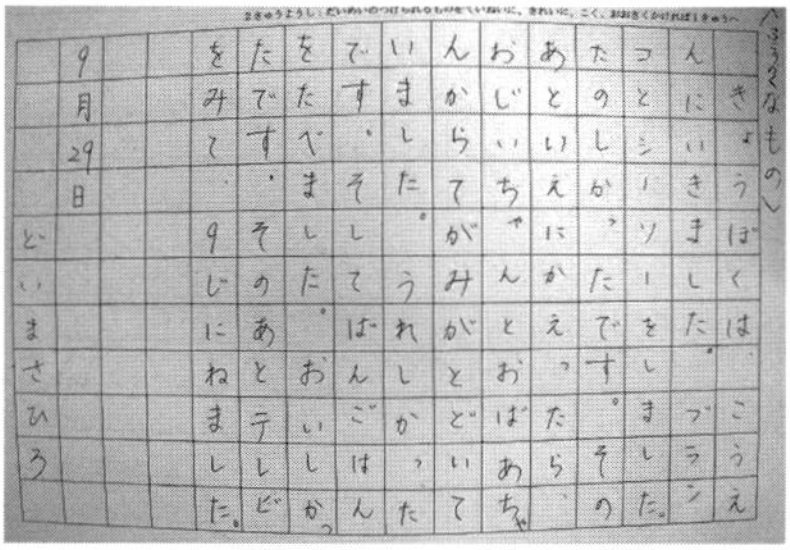

るもの」を子どもたちに求めるのです。1年生ですので、「題名とは何か」について実感が湧かない子もいます。そんな子たちのために、91ページで詳しく紹介しますが、よく書けている子どもの日記を紹介して、「題名」をつけさせる活動を行うなどします。そして、「いつ・どこ・なぜ・どのように・だれと」を書くと、ひとつのことが詳しく書ける、ということを繰り返し指導していきます。このような布石を打ちながら、子どもが「題名のつけられるもの」を書けるように指導していきます。

教師の書いた上のような「不合格な例」と、子どもたちの「合格の例」を比較させ、「不合格なもののダメなところ」を挙げさせる方法も効果的です。子どもたちに考えさせ、比較させながら「題名のつけられるもの」が書けるように指導していくのです。

そして、2級の合格基準である、「ひとつのことを深く見つめること」ができる（題名をつけられるものが書ける）ようになってくると、必ず起こることがあります。それは、「今まで気づかなかったことに気づく」ことです。例えば、「お父さんは忙しいのにおみやげを買ってきてくれている」ということに気づくといったものです。

このような「気づき」は、一朝一夕で身につけられることではありません。しかし、「ひとつのことを深く見つめる力」が育てば、子どもの「毎

〈１級合格〉

〈２級合格〉

日」を価値あるものに変革できるのです。

どうしても難しい子には、個人指導の必要があります。例えば、文章の一部に線を引き、「ここをもっと詳しく!!」とか「一番楽しかったのは何ですか?」などとコメントを書きます。そして、返却するときに具体的に、「いつ・どこ・なぜ・どのように・だれと」をつけ加えて詳しく書かせるよう繰り返し指導します。「２級合格」は全員きちっと達成させるべきです。

(3) 力がつく日記の紹介の仕方
―題名を考えさせる・空欄に入る言葉を考えさせる―

子どもたちに日記を通して指導していく際には、教師から、「こうやって書くんだよ」と指導するのもよいですが、一番重要なのは、「友達の書いたものを紹介する」ことです。教師から一方的に教わるよりも、友達が書いたものを読み、「ああ、こうやって書けばいいのか！」と学ぶほうが何倍も身になります。

ただ単に、コピーして配っても、効果はあります。しかし、もっと明確な「ねらい」をもって指導したいものです。この項では、クラスが盛り上がり、力がつく日記の紹介の仕方を２つ紹介します。

日記の題名を考える

活動内容

日記の内容を読み聞かせ、題名を自分なりに考える。

手　順

1　日記の題名を隠し、コピーして配る。
2　教師がゆっくり読み聞かせる。
3　隣とペアで題名について考える。
4　発表する。

活動のポイントおよび解説

＊なぜ、題名を考えさせるか。それは、「題名のつけられるもの」を書く力をつけさせるために「題名」という概念について子どもたちにしっかり理解してもらうためです。この活動を繰り返すと、「題名」とはどんなものなのか、「題名のつけられるもの」とはこういう内容の日記なんだということがわかってきます。

日記の肝となる部分を考える

活動内容

日記のいいところを隠しておき、それをみんなで考える。

手順

1 紹介する日記を決め、「肝」となるいいところを隠してコピーする。
2 コピーを配布し、ゆっくり読み聞かせる。
3 隠れている部分について話し合い、正解発表。教師が解説を加える。
4 時間があれば、なぜこのように書いたのかを話し合う。

活動のポイントおよび解説

＊日記を読んでいると、これはいい表現だな、という表現に出会ったり、この部分がとてもあたたかくていいな、などと思ったりする部分があります。それをそのまま子どもたちに紹介するのもいいですが、ひと工夫すると盛り上がります。この活動をするには、まず教師が子どもの「いい表現」に気づくことが必要です。

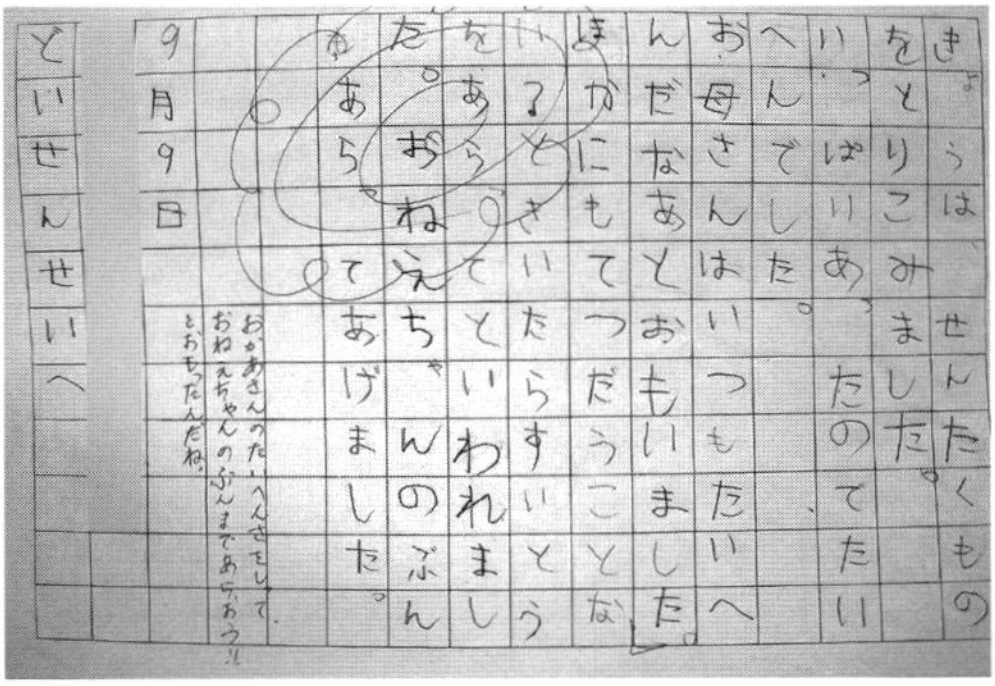

例えば、上のような日記、みなさんならどこを隠すでしょうか。実際の活動では、最後の「おねえちゃんのぶんもあらってあげました」というところを隠しました。お母さんのお手伝いをして、お母さんの大変さがわかったＪ君。そんなＪ君が、「少しでもお母さんの役に立とう」という気持ちが表れているのがこの部分です。

子どもたちに予想させると、

・いっしょうけんめいあらいました／・がんばってあらいました／・心をこめてあらいました

などが出てきました。

唯一正解を知っているＪ君はニコニコしています。正解を発表すると、「え！」という声もあれば「どういうこと？」という声も。そこでペアで「なんでＪ君はお姉ちゃんの分まで洗ったのか」を考えさせました。すると、「わかった！　おかあさんをもっと助けたいんだ！　お姉ちゃんの分の水筒を洗うのはお母さんだし」と気づきました。「Ｊ君すごい！」という声に、さらにＪ君は得意げな表情でした。

このように、日記の紹介も、ひと工夫するだけで盛り上がりますし、友達のことを深く知ることにもつながります。大切なのは、教師が子どもたちの日記をどのように読むか、です。漠然と読み、漠然とコメントするだけではあまりにももったいないです。子どものよい表現に気づき、紹介して伝えたいことを明確にすることが重要です。

(4) 子どもたちの日記の具体例

子どもたちが書いた日記の具体例を挙げます。級ごとに紹介します。

○3級合格例

字を大きく、きれいに書かせます。

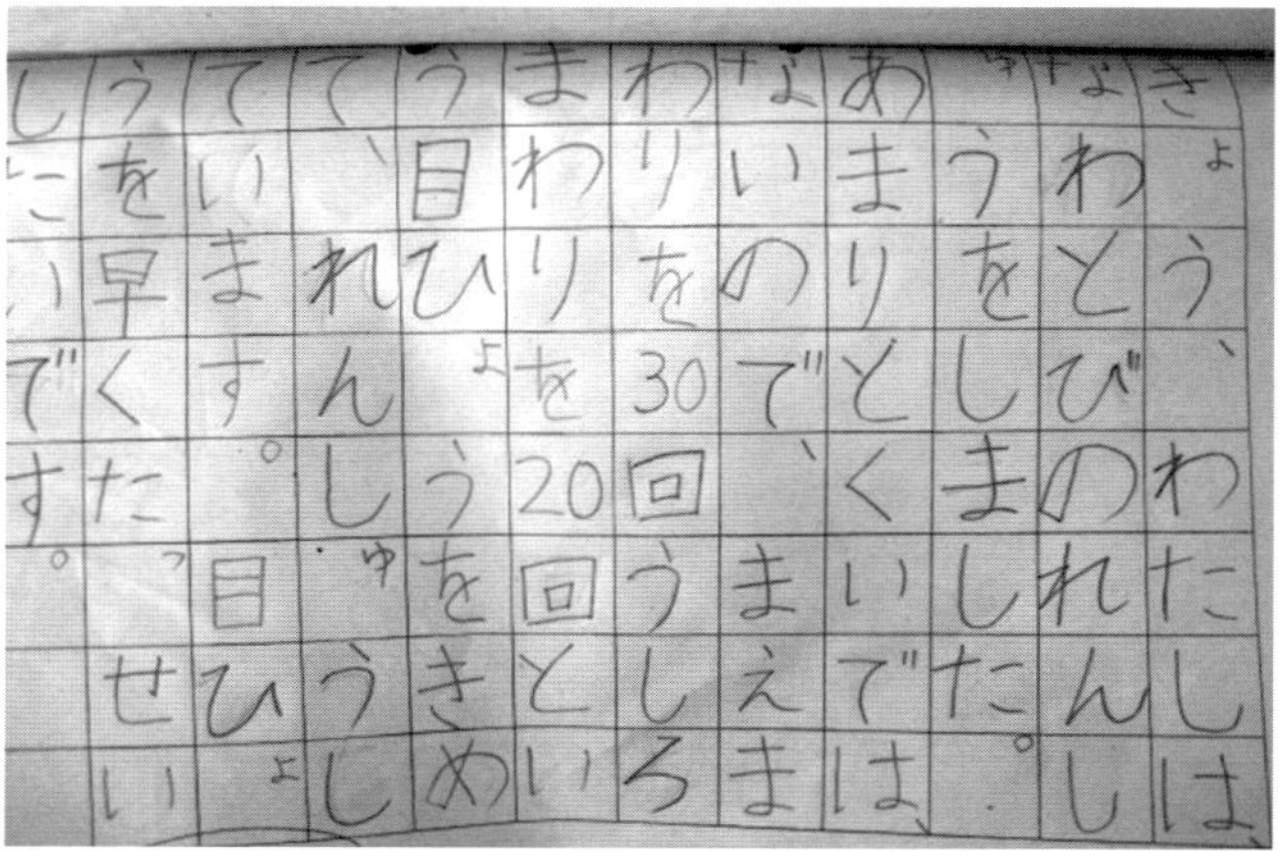

きょう、わたしはなわとびのれんしゅうをしました。あまりとくいではないので、まえまわりを30回うしろまわりを20回という目ひょうをきめて、れんしゅうしています。目ひょうを早くたっせいしたいです。

きのう、私は姉のバレエ学こうのけんがくについていきました。はじめは、いすにちゃんとすわってみていたけれどもかべにくろいてんがあるのにきがついてみにいくと、虫がのろのろあるいていました。その虫

おもしろい　こういう「なにげないこと」がおもしろいんです　ごうかく

○２級合格例

どちらも、「題名のつけられるもの」、ひとつのことを詳しく書いているものです。

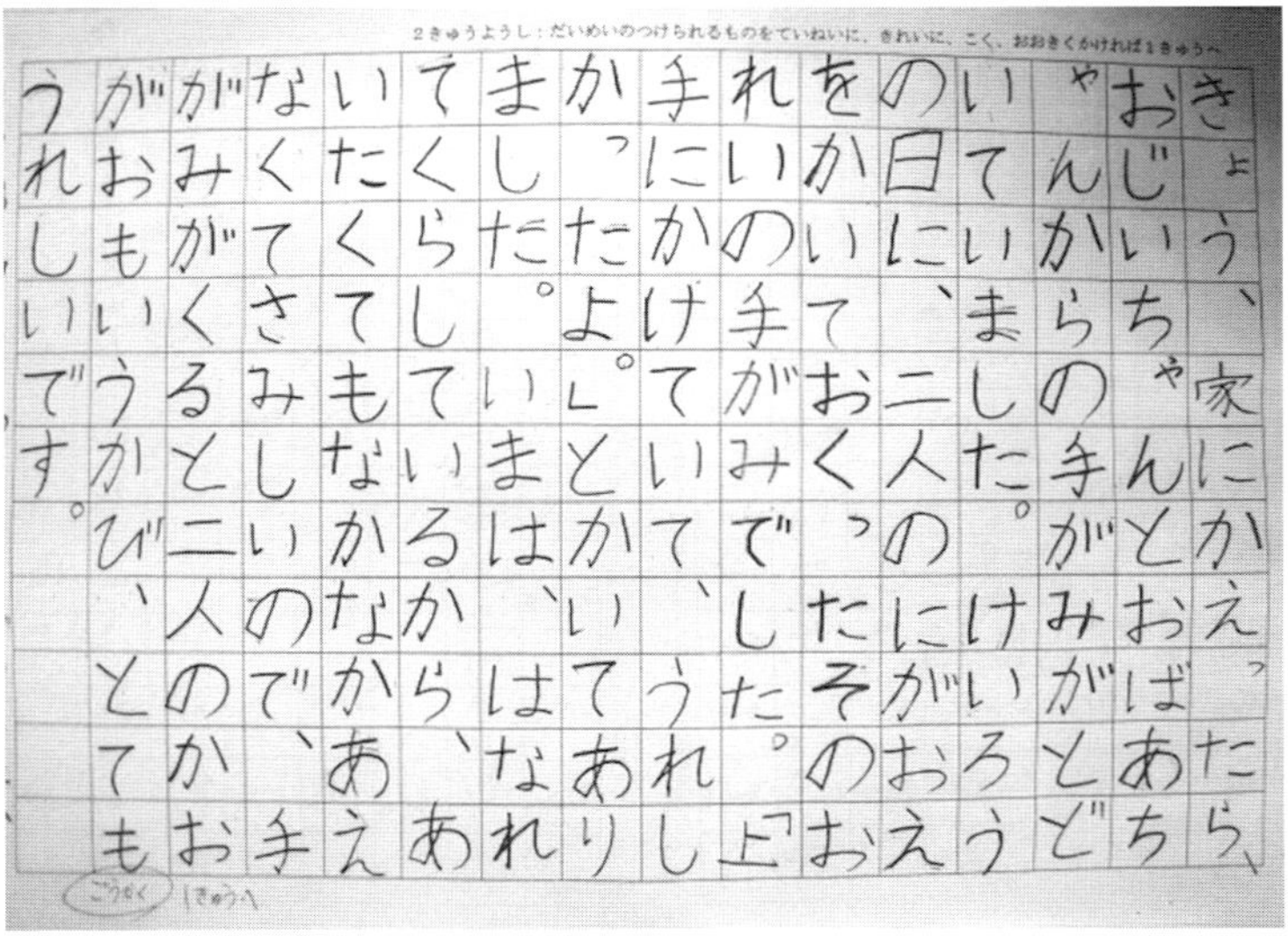

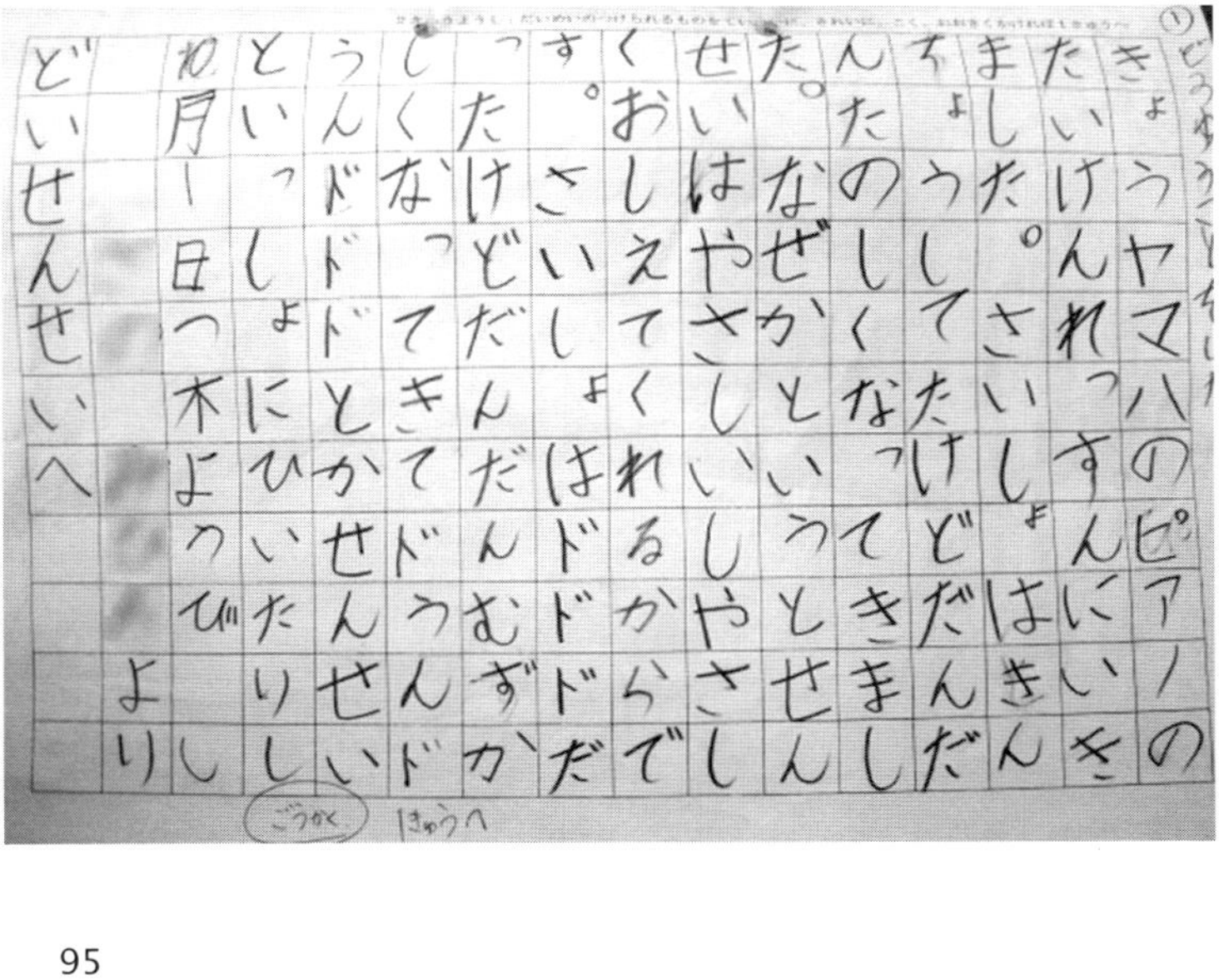

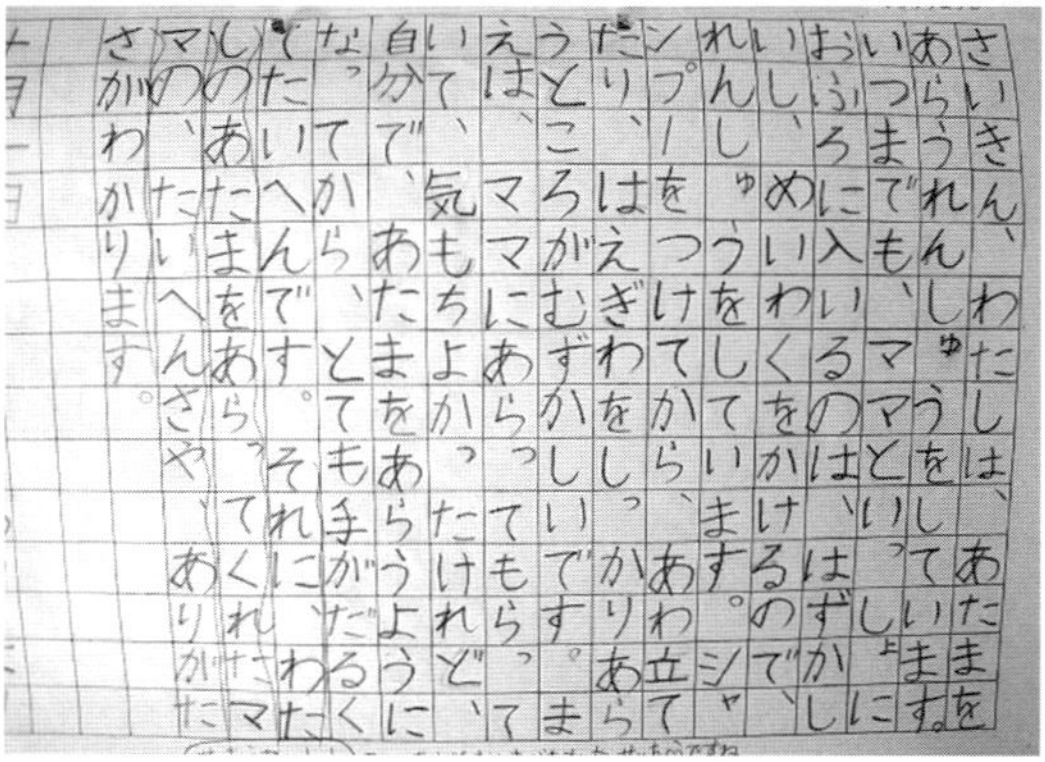

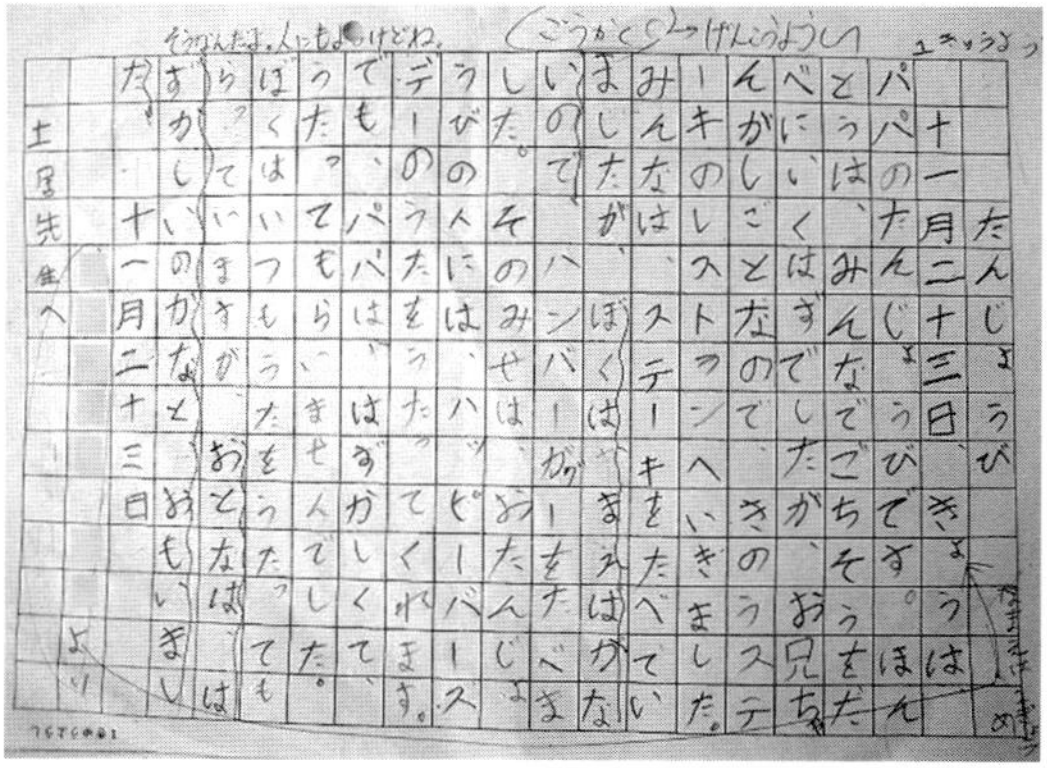

○１級合格例

上段の日記では、いつも頭を洗ってくれていたお母さんの大変さに気づいています。中段の日記では、引っ越す友達の「やさしいところ」に気づいています。その際、「友達と相手」という視点での「比較」という思考を用いています。下段の日記では、「大人と子ども」を比べて考えて、散歩の大切さに気づいたことが書かれています。

○原稿用紙の例

このあたりになってくると、1年生とはいえ、侮れない「書く力」です。

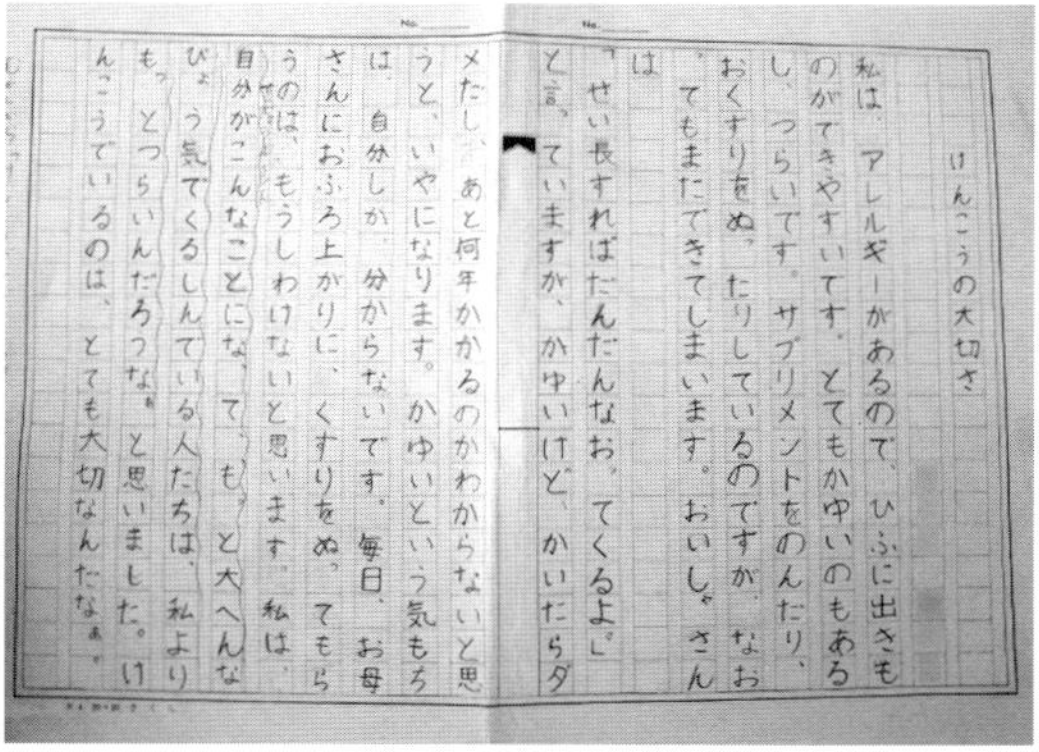
けんこうの大切さ
私は、アレルギーがあるので、ひふに出さも
のができやすいです。とてもかゆいのもある
し、つらいです。サプリメントをのんだり、
おくすりをぬったりしているのですが、なお
ってもまたできてしまいます。おいしゃさん
は
「せい長すればだんだんなおってくるよ」
と言っていますが、かゆいけど、かいたらダ
メだし、あと何年かかるのかわからないと思
うと、いやになります。かゆいという気もち
は、自分しか分からないです。毎日、お母
さんにおふろ上がりに、くすりをぬってもら
うのは、もうしわけないと思います。私は、
自分がこんなことになって、もっと大へんな
びょう気でくるしんでいる人たちは、私より
もっとつらいんだろうなと思いました。け
んこうでいるのは、とても大切なんだなぁ。

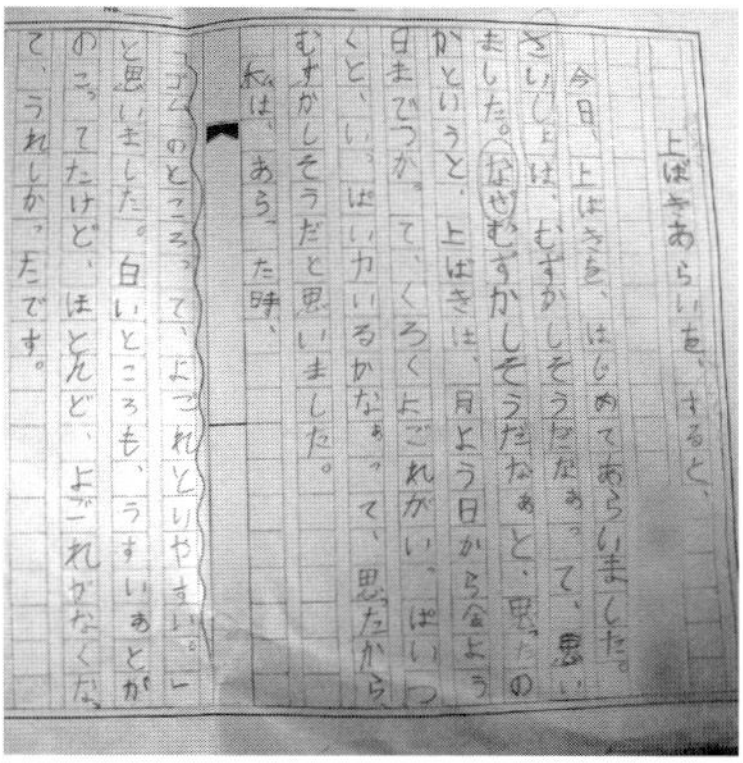
上ばきあらいを、すると、
今日、上ばきを、はじめてあらいました。
さいしょは、むずかしそうだなぁって、思い
ました。なぜむずかしそうだなぁと、思ったの
かというと、上ばきは、月よう日から金よう
日までつかって、くろくよごれがいっぱいつ
くと、いっぱい力いるかなぁって、思ったから
むずかしそうだと思いました。
私は、あらった時、
「ゴムのところって、よごれとりやすい」
と思いました。白いところも、うすいあとが
のこってたけど、ほとんど、よごれがなくな
って、うれしかったです。

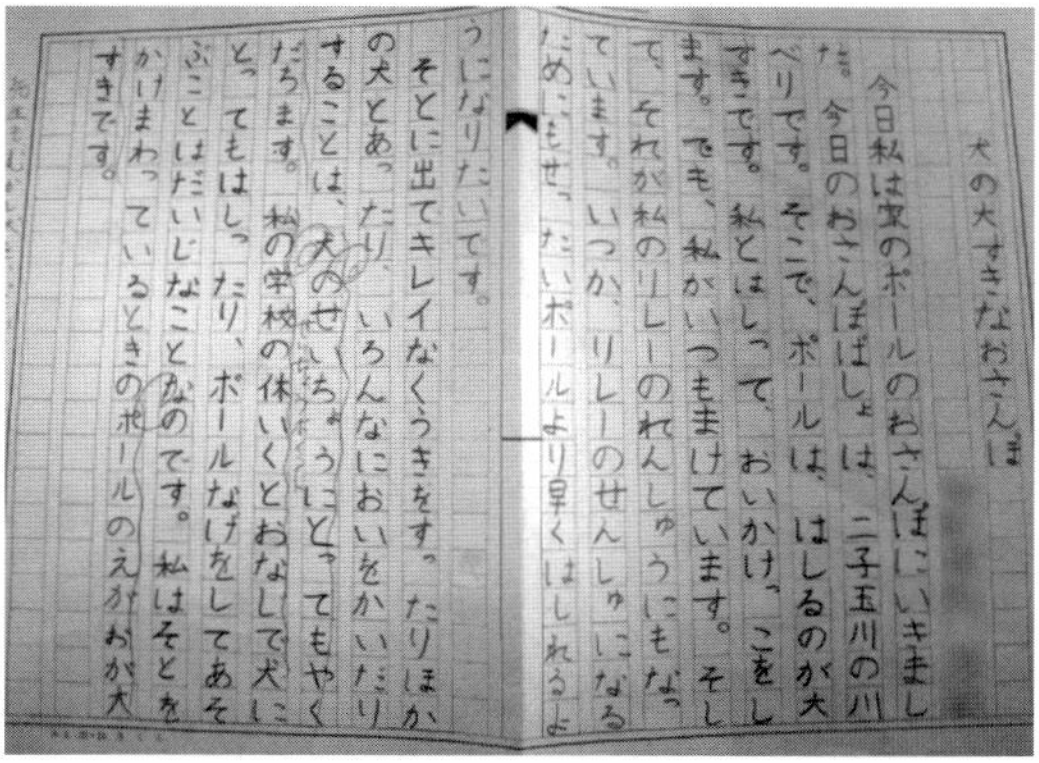
犬の大すきなおさんぽ
今日私は家のポールのおさんぽにいきまし
た。今日のおさんぽばしょは、二子玉川の川
べりです。そこで、ポールは、はしるのが大
すきです。私とはしって、おいかけっこをし
ます。でも、私がいつもまけています。そし
て、それが私のリレーのれんしゅうにもなっ
ています。いつか、リレーのせんしゅになる
ためにもぜったいポールより早くはしれるよ
うになりたいです。
そとに出てキレイなくうきをすったりほか
の犬とあったり、いろんなにおいをかいたり
することは、犬のせいちょうにとってもやく
だちます。私の学校の体いくとおなじで犬に
とってもはしったり、ポールなげをしてあそ
ぶことはだいじなことなのです。私はそとを
かけまわっているときのポールのえがおが大
すきです。

4 「書く力」を他教科に転移する

「書く力」は国語科だけで発揮するものではありません。他教科の学習においてもそれが見られれば、本当に力がついているといえるでしょう。

1年生の段階では、「意欲的に書こうとしている」「たくさん、詳しく書ける」この2点を他教科でもクリアしていれば、ある程度「書く力」が育ってきているといえるでしょう。

(1) 生活科での転移

生活科では、観察をたくさんします。したがって、見たり、聞いたり、触ったり、したことをなるべく詳しく書かせていきましょう。

次ページの作品は、いずれも10月に書いたものです。本来は3行しかないところに字を敷き詰めるほど書いているのが「書きたい」という意欲の表れです（群馬の深澤久先生のご実践を参考にさせていただきました）。

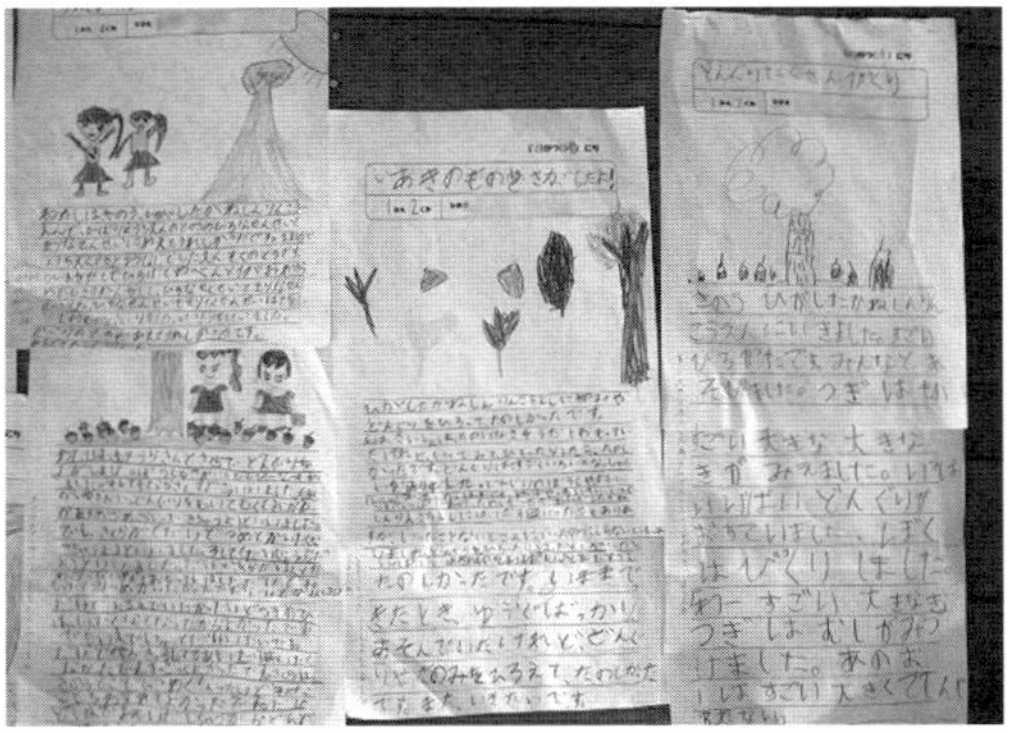

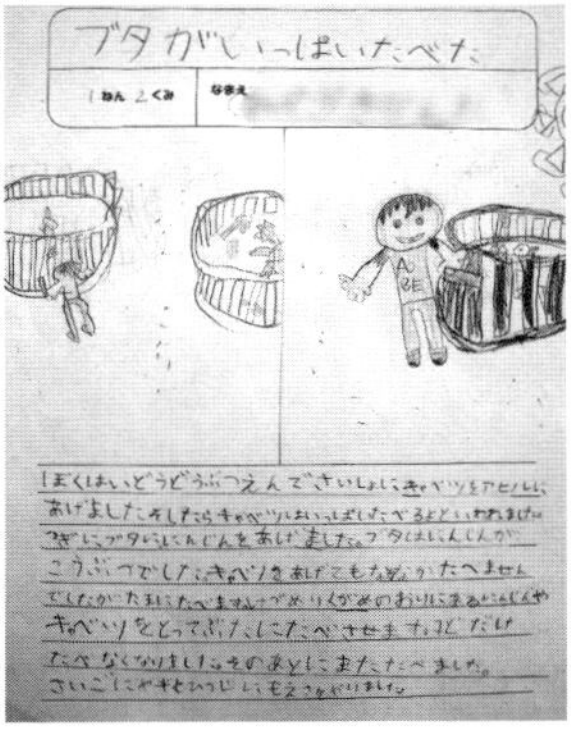
ブタがいっぱいたべた

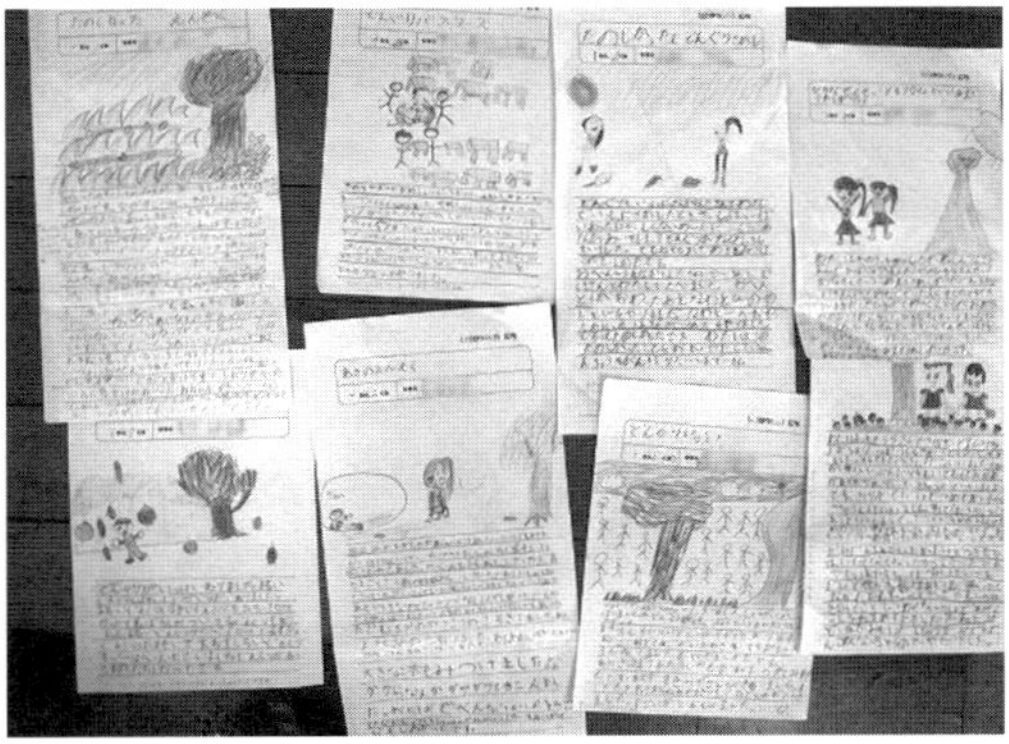

あきをみつけた上。

(2) 図画工作科での転移

「図工で『書く力』?」と思われる先生方もいらっしゃるでしょう。しかし、「書く力」が育ってくると、作品カードにそれが表れます。規定の枠内では文字が入りきらず、線を割ったり、紙を継ぎ足したりする子が出てくるのです。このように、長く書けるのも、日記指導で「題名のつけられるもの」を書こうとすることを通して、「ひとつのことを詳しく書く力」が培われているからなのです。

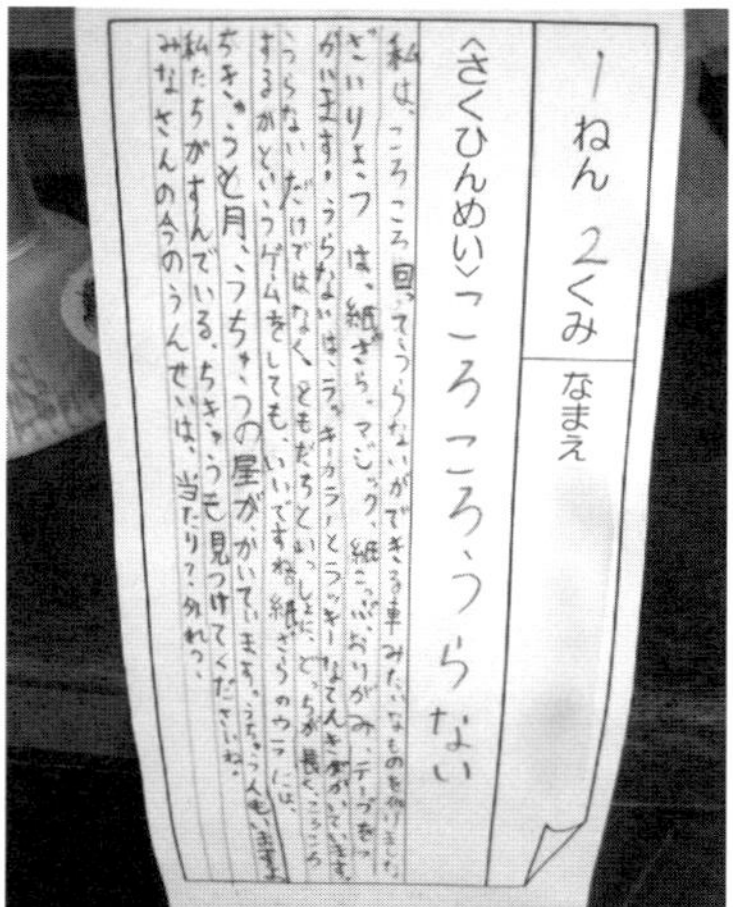

正直、長すぎて読むのが大変です（笑）。次ページに、無作為にピックアップした、ある子の作品カードをパソコンで打ってみました。

「たまごからひよこがでた!!」　一年二組　M・S

わたしは、ひよこがたまごからうまれたえをふくろにかきました。えはちゃいろい木でつくったとりのすの上にたまごのえをかいてそのつぎにまた、とりのすのうえにこんどはひびが入ったたまごのえをかいて、そのつぎにひよこのえをかいてその上ににわとりのえをかきました。

一ばん上はあおぞらとお日さまをかきました。ひよことにわとりと下にかいたえはぜんぶきょうかしょにのっているえをかきました。はこのそとがわやよこにも水いろのおりがみをはってまえだけにまたあおぞらとさっきとちがってくもとにわとりのえをかきました。きにいっているえは、とくににわとりとひよこです。

たいへんだったところは、ストローとふくろの口をテープでつなぎあわせるところです。つくりかたははことおりがみとテープとふくろといろいろないろのマジックペンをよういして、はこのよこの上か下にあなをあけて、ストローをさします。そのときにジュースとかをのむときに口をつけるほうを中がわに入れて、いつもジュースをのむときに口につけないほうをあなをあけたところのほうのむきにさします。それでストローがうごかないようにテープでとめます。つぎにふくろにえをかきます。えはなんでもいいです。そのときにはこのあなからでたストローにふくろをさきにつけてからえをかいたほうがいいです。わたしはそうしなかったから、すこししかえが見えなくなっちゃいました。えがかきおわったら、はこのまわりになにかへんなえがかいてあるといけないから、おりがみをまわりにテープではります。はりおわったらかんせいです。

あそびかたは、ふくろにくうきが入らないようにして、ストローに口をつけて、ふーっとくうきを入れてあそびます。つくるときは、けっこうかんたんだとおもっていたけど、やってみたら、けっこうむずかしかったです。しっぱいしちゃったところは、えが見えなくなっちゃったところです。ストローを入れるあながあいているよこのぶぶんには、水いろのおりがみははりませんでした。あと、はこの下のぶぶんはまた、おなじように水いろのおりがみをはりませんでした。にわとりとかひよことかのえはきょうかしょのえを見てかいたのでけっこうかんたんでした。みんなもつくってみてくださいね。

文字数にして950文字！　これでも、クラスで一番長い子ではありません。休み時間など自分の時間を使ってでも「書きたい！」、そんな子に育っていきます。この作品カードを見てもわかるように、「ひとつのことを詳しく書く」という力は非常に大切です。1年生で培うべき力なのです。

(3) 算数科での転移

算数科でも、計算の仕方の説明を書くときなど、「書く力」の転移が見られます。算数的な視点から見ると、「長く、詳しく書く」というのはあまり好ましいことではないかもしれません。しかし、子どもが書こうと思えばこれくらい、国語科の授業でなくてもサラッと書けてしまうのが、「書く力の転移」なのです。

第３章
音読と発問でつくる！
「読むこと」の指導

1年生の「読むこと」で大切なことは、
・音読
・叙述を基にする、という意識を身につけること
・よい発問をし、自分の考えの「理由」や「根拠」を交流すること
の3つです。

○音読

これは、1年生にとって最も大切です。極端な話、音読をきちんと全員にできるようにさせられれば、他の2点が少々達成できなかったとしても、大丈夫と言っても過言ではありません。音読が重要な理由は後に詳述しますが、「全員が文章をスラスラ読めるように！」ということを意識して「読むこと」の学習を進めていくことが大切です。

○叙述を基にするということ

読み取りの授業では、「叙述を基にする」ということが重要です。そうでないと、子どもは勝手に読みをつくってしまいます。1年生のうちから、「教科書の○○ページに▽▽と書いてあって……」というような発言が出てくるように指導すべきです。

もちろん、最初のうちは、挿絵なども拠りどころにしながら、想像を豊かに膨らませていくこともよいでしょう。しかし、それに加えて、「どこに書いてあるの？」などと叙述にしっかり「返らせる」

ことが、子どもたちに確かな読みの力をつけていくことになります。

○よい発問をすること

叙述を基にしながら、なぜ自分はそう考えたか、本文のどこからそう考えたかということをみんなで交流し合えるようにするためには、子どもが自分の意見をもちたくなるような魅力的な発問が求められます。その発問には、意見をもちやすい工夫も必要です。よい発問は子どもの考えを活発にし、やがて自ら問いをもてるようになります。

よい発問を考えるには、教師の教材研究が不可欠です。次の2点を常に頭に入れながら教材研究をし、発問づくりを進めるといいでしょう。

- ・つけたい力はどんな力で、それをつけられる発問か。
- ・子どもが考えたくなるような、自分の意見をもちやすい発問か。

1　「スラスラ」を目指す音読指導

(1)　低学年にはなぜ音読が重要なのか

「低学年のうちは音読が大切」ということは、教師なら誰でも知っていることでしょう。では、なぜ1年生を含めた低学年にとって、「音読」が重要なのでしょうか。

犬塚美輪先生は「国語教育における自己調整学習」(『自己調整学習』自己調整学習研究会編、北大路書房)の中で、低学年においては、「読み上げるスキル」が最も重要だということを示しています。この時期に文字や文章を流暢に「読み上げるスキル」をしっかり身につけることは、後に、「読解力」につながるという知見も紹介しています。

それでは「読み上げるスキル」とは、いったい何でしょう。

それは単純に言えば「スラスラ」読めるということです。

少し考えてみればわかることですが、「スラスラ読み上げること」もできない子が、「人物の心情」を考えたり、「自分なりの主題」を捉えたりすることが難しいのは容易に想像がつきます。だから、1年生のうちに文章を「スラスラ」読めるということを目指すべきなのです。

私は学級通信に、「このような理由で音読が重要です。だから、音読を宿題で出します」と文献名と一緒に載せました。そうすれば、保護者の方も納得してくれます。

1年生のうちは、「気持ちを込めて読む」ことよりも、「スラスラ」読めるということが重要です（市毛勝雄先生などは、小学生、全学年の音読の目標は「スラスラ読み」であるとおっしゃっています）。「スラスラ」読めれば、あとは間や抑揚に気をつければ、気持ちを込めることはできるからです。とにかく、全員の子どもに「スラスラ」読めることを保障するのです。

(2) 音読好きの子どもをつくる「切り捨て」術

音読を重要視して指導していく、と言っても、まずは、子どもたちが「よしやるぞ！」と音読に対してやる気を出すようにしなければなりません。そのためには、子どもに対して、「今のままでは下手だ」としっかり言ってやることが重要です（もちろん、読むのが著しく苦手な子は別です）。

子どもたちを教育するうえで「ほめること」はとても重要ですが、単純にほめられているだけではやる気が起きない子もいます。基本的に入門期の1年生は、幼稚園や保育園で「ほめられ慣れて」もいます。

「お片付けできたね」

「きちんと時間を守れたね」

「手を洗えたね」

などです。もちろん、これらの言葉かけを否定するわけではありませんし、幼稚園や保育園での教育方法が間違っているのではありません。「ほめられ慣れている」ことがポイントです。

単純なほめ言葉に慣れている子に対しては、「ダメ出し」をしたり、「下手だ」と切り捨てたりすることが、時に起爆剤になるのです（もちろん、相手を選んで言葉を変えることが重要です）。

例えば、「それではみんなの音読を聞かせてください。はい、〇〇さんから後ろに、先生がいいというまで読んでください」と言って一番前の子から読ませます。

入門期にいきなり指名されて「ハキハキ」「スラスラ」読める子はほとんどいません。おそらく小さい声で読むでしょう。そこで、2文字ぐらい読んだところで「はい、声出てない、次」と指示します。そうすると、子どもたちは「えっ！」と、とても意外そうな表情をします。「話す・聞く」の単語の聞き取りの最初の指導でもそうですが、こうした子どもにとって「虚を突かれた」とき、本当に指導が入ります。

1人目を2文字で交代させ、次も、その次も交代させていきます。「声が小さい」とか「ハキハキしてない」とか「姿勢が悪い」、「つっかえた」など、理由はおそらくいくらでもあるでしょう。

1列ぐらい続けていくと、他の子の表情がみるみる引き締まっていきます。「うわ、きびしい!!」といったリアクションをしながら、同時に、「自分はやってやるぞ！」という表情になってきます。

私の学級で行ったときには、たった2文を読むのに、子どもたちが2周しました。2周するのは、最初にいきなり交代させてしまった子たちをフォローするためです。「さっきより上手！　声が出ている！」などとほめる（できたときはきちんとほめることも大切です）と、たった1時間の授業のうちに自分の成長を感じ、音読に対してとてもヤル気を出します。

このような指導は、自分ではスラスラハキハキ読めている「気」になっている子に向きます。反対に、読むのが苦手な子に対しては、ほめるところを見つけて、たくさんほめてあげることが大切です。

(3) 指導には順序性をもたせて

1年生には、読みの目安を示すことも重要です。そうでないと、自分の読みがどのくらいできているのか、できていないのかがわからないからです。私の学級では、次の４段階で音読をレベルアップさせていこうと話しています。

・ハキハキ読み：ハキハキ大きな声で読むこと
・スラスラ読み：スラスラ、できる限りすばやく読むこと
・超正確読み：点や丸に気をつけて、書かれている通りに読むこと
・表現読み：間や抑揚に気をつけて、気持ちを込めて読むこと

1年生では、スラスラ読めるようになること＝「スラスラ読み」が重要だということは先に述べた通りです。

しかし、最初から「スラスラ読みなさい」といってもなかなかできない子が多いです。はじめは「ハキハキ読み」で、とにかく「声を出させる」ことを意識しましょう。ゆっくりでもいいので、き

ちんと声を出させるのです。一人ずつ音読させて、声がどれくらい出ているかで点数をつけるとよいでしょう。数値化されると、子どもは燃えます。ただし、ハキハキとはいっても、怒鳴るのは禁止です。怒鳴らず、しっかりとした声を出すということを、教師が見本を示しながら指導していくことです。

入門期だからこそ、段階を追って順序よく指導していくことが大切です。

(4) スラスラ読みを目指して―個人指導編―

ハキハキ声が出せるようになったら、スラスラ読みを目指します。しかし、このスラスラ読みが難しい子がクラスに絶対数名います。1年生のスラスラ読みのハードルは次の点です。

○「文字」をスラスラ読めない。
○「単語」をスラスラ読めない。
○「文」をスラスラ読めない。

文字言語と音声言語がうまく結びついていない子がつまずきます。そのような子は、給食の前などに個別に呼んで、指導をします。前記のどこでつまずいているのかを見極め、それができるようにするのです。

例えば、「文字」をスムーズに発音することにつまずいていたK君には、ひらがな一文字を選んで指差し、それをすぐに言わせるところから始めました。できるようになってくれば、今度は単語や文を読ませていきます。これも、ぱっと私が指を差した部分を読み上げさせます。個別指導のポイントは「長ったらしくしないこと」「大いにほめること」です。そうすれば子どもは、「ぼく、先生と特訓してるんだよ」とみんなに自慢するなど、喜んで練習してくれます。

(5)　スラスラ読みを目指して―全体指導編―

スラスラ読みを目指した「全体への」指導は、「どんどん先の文字を見ていくこと」です。これは、野口芳宏先生が、「目ずらしの技術」と提唱されていることです（「音読の技術を『指導』しよう」（『教育科学国語教育』2002年６月号、明治図書）より）。

具体的には、「今声に出す文字は見ないで、次の文字を見よう」と指導することです。これを取り入れると、スラスラ読めていた子はさらにすばやく読めるようになります。また、読むのが苦手な子に対しても、「読み方」を明確に教えるので、効果的です。

(6)　教科書暗唱のススメ

先述のような交代で「ショックを与える」ような指導をすると、必ず家で何回も練習してくる子が出てきます。

学習意欲の非常に高い1年生です。2回や3回ではありません。10回や20回というのはざらです。時には100回を超えることもあります（ちなみに昨年度の私のクラスの最高記録は350回でした）。保護者の方から「夕飯のときも、うわ言のように読んでいて困ります」という苦情（？）が連絡帳に書かれたこともあります。

ここまで「何度も何度も読もう」という姿勢ができると、子どもたちは教材を諳んじることができるようになってきます。

そこでおススメなのが、クラス全員で「国語の教科書」1冊丸ごと暗唱に取り組むことです。「教科書暗唱」は目標ではなく、たくさん練習させるための「手段」です。たくさん練習すれば、それだけ「読み上げのスキル」の向上につながってくるからです。

また、基本的に「暗唱」というのは努力すればほとんどの子ができることです。学力差はそこまで関係ありません。「粘り強さ」もつきますし、達成すれば、大きな「自信」につながります。しっかり取り組めば、全員に「やればできる！」という自信をつけさせてあげられるのです。

教科書暗唱は「聞くこと」や「書くこと」の章でも紹介したように、「聞く力」や「書く力」を伸ばすことにも応用がききます。「は・を・へ」などといった言語事項の重要な要素が意図的に散りばめられた教材を暗唱し、それを書いたり、聞いたりしていくことで「慣れながら」学んでいくのです。

なにより、教科書暗唱にクラス全体で取り組むと、クラスに「一体感」が生まれてきます。声を揃えて暗唱することや、一つのことにみんなで取り組むことが「一体感」を生むのです。

○教科書暗唱のシステム

①暗唱対象の教材を教師が決める。物語、説明文はもちろん、詩や言語事項を教えるための唱え歌のようなものも含めるとよい。
②チェックは空き時間などに教師から受ける。教師の前でしっかりとした声で暗唱できたら合格。合格した教材のページにシールを貼り、名簿にチェックをしてもらえる。
③1冊通して暗唱する「1冊暗唱」に合格すると、他の子どもの暗唱を聞いてあげて合否を決める権限がもらえる。
④暗唱は自分のペースで進めてよい。今学習している教材までしか覚えてはいけないというルールはなく、どんどん先に進んでよい。
⑤すでに1冊暗唱に合格した子には、タイムを計らせ、タイムトライアルをさせる。クラス記録は教師が認定する。

(7) クラスが盛り上がる音読レパートリー

最後に、授業中に使える、「盛り上がる音読活動」を紹介します。これらを取り入れたり、アレンジしたりする中で、子どもたちが盛り上がる音読を見つけていってください。
まずは、音読活動の基本形2つを紹介します。この2つが基本ですので、まずはこの音読から取り組みましょう。

○基本1　追い読み

すべての基本です。教師が読んだ後に同じ部分を読ませます。特に単元の序盤には多く取り入れ、子どもたちに正しい読み方を身につけさせます。子どもが読み終える直前に教師が次の部分を読み始めると、ダラダラせず読めます。

○基本2　マル読み

一文ごとに読み手が交代していく読み方です。「教師↔子どもたち」の場合もあれば、「子ども→子ども」のパターンがあります。「男子→女子→男子」や「1号車→2号車→3号車」という応用パターンも時折入れると、子どもたちが飽きずに取り組めます。

基本の音読ができるようになったら、アイデア音読に挑戦しましょう。

○アイデア1　どこまで聞こえるか音読

「今から声を揃えて音読してもらいますが、先生は外に出ます。どこまでみんなの声が聞こえるかをはかるためです」と言って外に出ていきます。そして、どこまで聞こえるかを確かめたのち、教室に戻り、発表します。子どもたちは大盛り上がりです。これは、子どもたちにしっかり声を出させたいときに有効な方法です。

○アイデア２　班対抗音読合戦

班でマル読みをし、それを聞いた教師が点数をつけ、大会を行います。教師はあらかじめ評価基準を示しておく必要があります。例えば、「声をしっかり出す」とか「間違えずに読むこと」などです。最初はわかりやすく「声が出ていること」を採点基準にするとよいでしょう。

○アイデア３　マルテン読み

マルでも読む人が変わるし、テンでも読む人が変わる読み方です。「くじらぐも」でやると、「1、2、3」のところで目まぐるしく読み手が変わっていき、面白いことになります。子どもたちに句読点を意識させたいときに取り入れます。

○アイデア４　マルテンサバイバル読み

班ごとに、マルテン読みをします。「1班→2班→3班」というようにです。全員が起立した状態で始め、自分たちが読むときに声が小さかったり、読むのが遅れたり、読まなかった班員がいたりしたらアウトです。最後まで残った班が優勝となります。班ごとに協力して取り組む必要があり、集中

話すこと・聞くこと
書くこと
読むこと
言語事項

力も養われます。非常に盛り上がります。

○アイデア5　向かい合い読み

「音読に自信のある人?」や「〇〇（教材名）覚えた人?」と尋ね、手を挙げた子に前に来させます。そして、前に出てきた子とそうでない子たちでマル読みをさせます。子どもたちはお互いが顔を合わせると、頑張って読むようです、読み終わった後に、「頑張っている人に気づいた人?」などと聞いて、「〇〇さんの声がよく聞こえてきました」などの意見を言わせると、子どもたちはさらに頑張って声を出します。

○アイデア6　15秒スラスラ読み

15秒間でどれだけ読めるかを競う読み方です。「スラスラ」読ませたいときに有効です。「用意、スタート」と教師が言って、15秒経ったら「ストップ」と言って止めるだけです。記録にばかりこだわっていい加減に読むのを防ぐため、「ゴニョゴニョ読まずにハキハキしっかり声を出すこと」と伝えてからやらせます。みんなで授業中に一斉に計った記録は「練習記録」として、空き時間などに教師と一対一で計って聞いてもらった場合は「公式記録」として記録していくと、意欲的に取り組みます。

2 「読むこと」の単元はどのようにつくるか

「何を教えたらいいかわからない」「どのように単元構成したらいいかわからない」という声が聞かれるのが、「読むこと」の授業です。

私もそうでした。発問は思いついても、それをどのように「つなげて」いくかがわからずにいました。今は、「読みのレベル」が「浅↓深」になっていくように単元構成すべきだと考えています。特に、左のような井上尚美先生の「目標分析」の考えをいつも念頭において、単元構成しています。

「事象認識」↓「関係の認識」↓「認識の深化・拡充」↓「価値づけ」

「事象認識」とは、「書いてあることをそのまま理解すること」です。

「関係の認識」とは、「文と文とのつながりや、段落と段落とのつながり、関係を把握すること」です。

「認識の深化・拡充」とは、「書いてあることから、書いていないことを推測したり、予想したりすること」です。「行間を読む」ともいえるでしょう。

「価値づけ」とは、「文章を評価すること」です。

1年生ですから、「事象認識」を中心にしていって、「関係の認識」のあたりまでを扱えるとよいでしょう。次のように単元を構成するとよいです。

○文学の場合：「物語の設定やあらすじの確認」→「事実と事実の関係（因果関係など）」→「行間を読む」→「評価」

○説明文の場合：「書いてあることの大体」→「文や段落同士の関係」→「書いていないことの推測」→「評価」

3 文学は「面白い」からこそ「論理的」に問う

文学の授業において最も大切なことは、「文学を楽しませること」です。これは、比較的達成が容易です。なぜなら文学にはもともと「面白さ」があるからです。しかし、授業であまりにもこねくり回すとその「面白さ」もなくなっていきます。例えば、主人公の気持ちをどの場面でも発問し続けるような指導では、子どもはヤル気をなくしていきます。

それは、発問が「直接的すぎる」ことが原因です。子どもというのは直接的に問われると、発言しにくくなってしまうものだからです。しかも、「気持ち」を問われると、「感覚」で答えるようになり、叙述に返らなくなってしまい、「読む力」もつかないのです。

試しに、「このときの主人公の気持ちは？」という発問を連発してみればわかります。教科書をほとんど見ずに（極端な場合、教科書を開けずに）自分の考えをノートに書く子すら出てきます。そして、その表情はいたってつまらなそうです。

ですから、「文学を楽しませること」の次に大切なのは、「論理的に読ませることを意識すること」です。もちろん、１年生の入門期から毎時間、論理的に読ませるということではありません。はじめは挿絵なども用いながら、セリフを吹き出しに書かせるなど、とにかく文学を楽しませましょう。その一方で、論理的に読み取る時間も取り入れていくということです。

「論理的に」とは、例えば次のような発問です。

「なぜ主人公はこのようなことをしたのか」
「なぜ○○という表現なのか」
「最も主人公が変わったところはどこか」
「誰が最も重要だと思うか」
「○○でなくても（であっても）よいか」

これらを話し合うことは、結局は主人公の心情を話し合うことにつながります。そして、自分の考えの「根拠」や「理由」を交流することになります。「根拠」とは「叙述」に他なりません。「論理的」に考えさせると、叙述に返らざるを得なくなるのです。そして、発問が「間接的」であるので議論が盛り上がります。「論理的に読ませること」を意識した発問づくりをすると、子どもたちが熱中する授業をつくることができるのです。

これは、入門期の1年生の場合も同じです。

論理的に問い、子どもたちが様々な自分の考えをもち、その「理由」や「根拠」を交流するような場をつくっていきましょう。それが結局は「物語って面白いな」という気持ちにつながっていくからです。

次からは、具体的に、光村図書の国語教科書に載っている物語教材を例に、どのように学習を進めていくか、述べていきます。

(1)「はなのみち」の指導

■単元の流れ

①題名と挿絵を見て想像できることを話し合う。教師の範読を聞く。音読練習をする。
②音読練習をする。大体どんな話だったか隣の人に話す。登場人物をノートにきれいに書く。
③音読練習をする。季節はいつか話し合う。
④たねを見つけたとき、くまさんは、友達が多かったのかどうか話し合う。
⑤⑥友達がたくさんできたくまさんにお手紙を書こう。

■単元のねらい

・スラスラ音読ができるようになる。

●場面の様子や移り変わりを叙述に基づいて読み取る

「はなのみち」は、一番はじめの物語教材です。特に、「音読」に重点を置いて学習を進めます。授業中だけで覚えるぐらい何度も何度も読ませましょう。

②、③は人、時を確認する「物語の設定」をつかむ工程です。これは、これから物語文を読むときには必ず行うことですので、丁寧な指導が求められます。

そして、④は、少し「論理的に」考えさせる発問です。子どもたちに問うと、「たくさんいた」派の子どもが多かったです。理由は、あまり言えない子が多かったので、そのような子は「なんとなく」と黒板に書きました。また、「絵にたくさん出てきているから」などが主な理由でした。「そうでない」派の子どもに尋ねると、「たくさん友達がいたら、わざわざ山のてっぺんのりすさんのところまで行かないから」や「絵には途中に他の動物がいるけど、通り過ぎて山のてっぺんまで来ているから」という、叙述に基づいた意見が出てきました。

⑤⑥では、④を経て、花の一本道ができた後、挿絵ではくまさんが友達がたくさんできているように見えます。実際子どもたちに聞いても、「くまさんは、最後は友達がたくさんできたんだよ」と読んでいました。そこで、「それじゃあ、友達がたくさんできたくまさんにどんなことを言ってあげたい？」と聞き、手紙に書かせました（実際の手紙は「書くこと」の章をご覧ください）。

このように、④で少し「論理的に」考えさせ、叙述を基に読みを収束させせました。ここでは、「たくさんいた」と「そうでない」の二択にすることによって自分の立場を決めやすくしています。友達の意見を聞いた後、もう一度問うと、「そうでない」のほうが増えており、この時期の子どもでも、「なんとなく」という理由と「叙述に即した」理由では、どちらが信用できるかを判断できるようです。その時間の最後に、「お話を読んで話し合うときは、こうやって、書いてあることを理由にできるといいね」と価値づけました。

また、最後に書いたくまさんへのお手紙には、読者として、友達があまりいなかったくまさんへ「よかったね」と言葉をかける手紙が多く見られました。③の学習が活きている表現が多く見られたのです。

(2) 「おおきなかぶ」の指導

■単元の流れ

①題名から想像できることを話し合う。教師の範読を聞き、感想を話し合う。
②音読練習をする。
③登場人物や時、場所をきれいにノートに書く。音読練習をする。
④教師の「間違い読み」を聞き、繰り返し表現に気づく。
⑤出てくる順番は他の順番でもよいか話し合う。

⑥おじいさんは誰に一番ありがとうと言いたいか話し合い、手紙を書く。

■単元のねらい

・繰り返しやリズムに気をつけてスラスラ音読することができる。
・「順番」について読み取り、自分の考えをもつ。

❺「間違い読み」で読み取りながら音読がうまくなる

「おおきなかぶ」も、音読に最も力を入れるのは言うまでもありません。楽しく、何度も何度も読ませましょう。そして、ただ音読させるだけでなく、読み取りながら音読させることが大切です。

1年生におススメなのは、教師が「間違い読み」をして、本文の叙述と教師の間違いを比較させる方法です。

例えば、「おおきなおおきなかぶになれ。あまいあまいかぶになれ」というおじいさんのセリフを「おおきなかぶになれ。あまいかぶになれ」と「間違い読み」をして、子どもに比べさせるのです。「先生の読んだのじゃダメ？」と聞けば、「ダメ！」「絶対にダメ！」と子どもは食いついてきます。

ここでは「比較」を用いて、おじいさんが繰り返し言ったことの意味

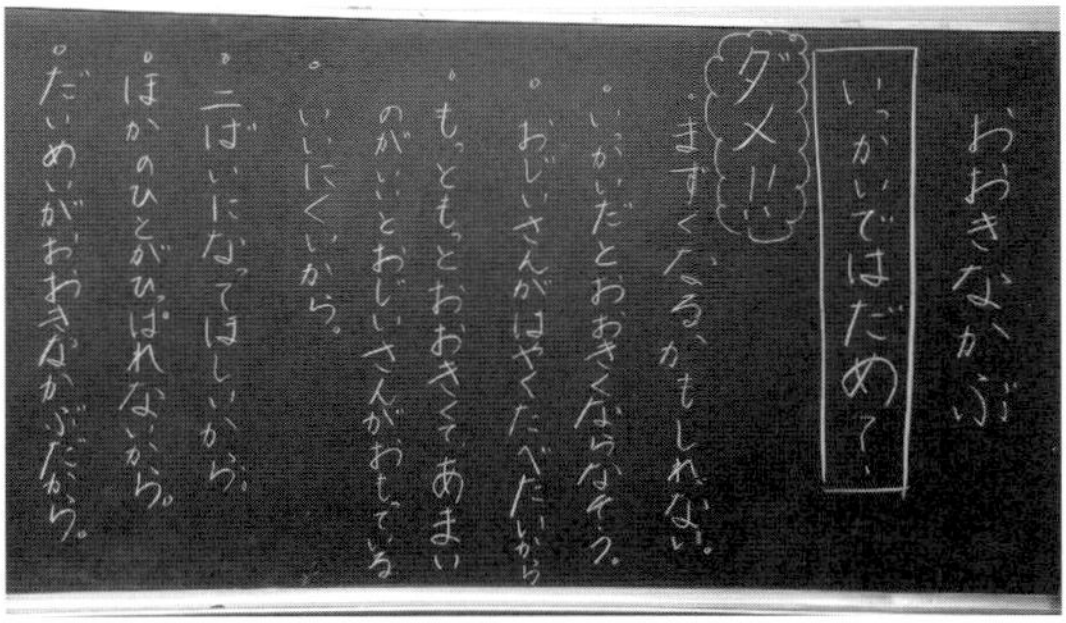

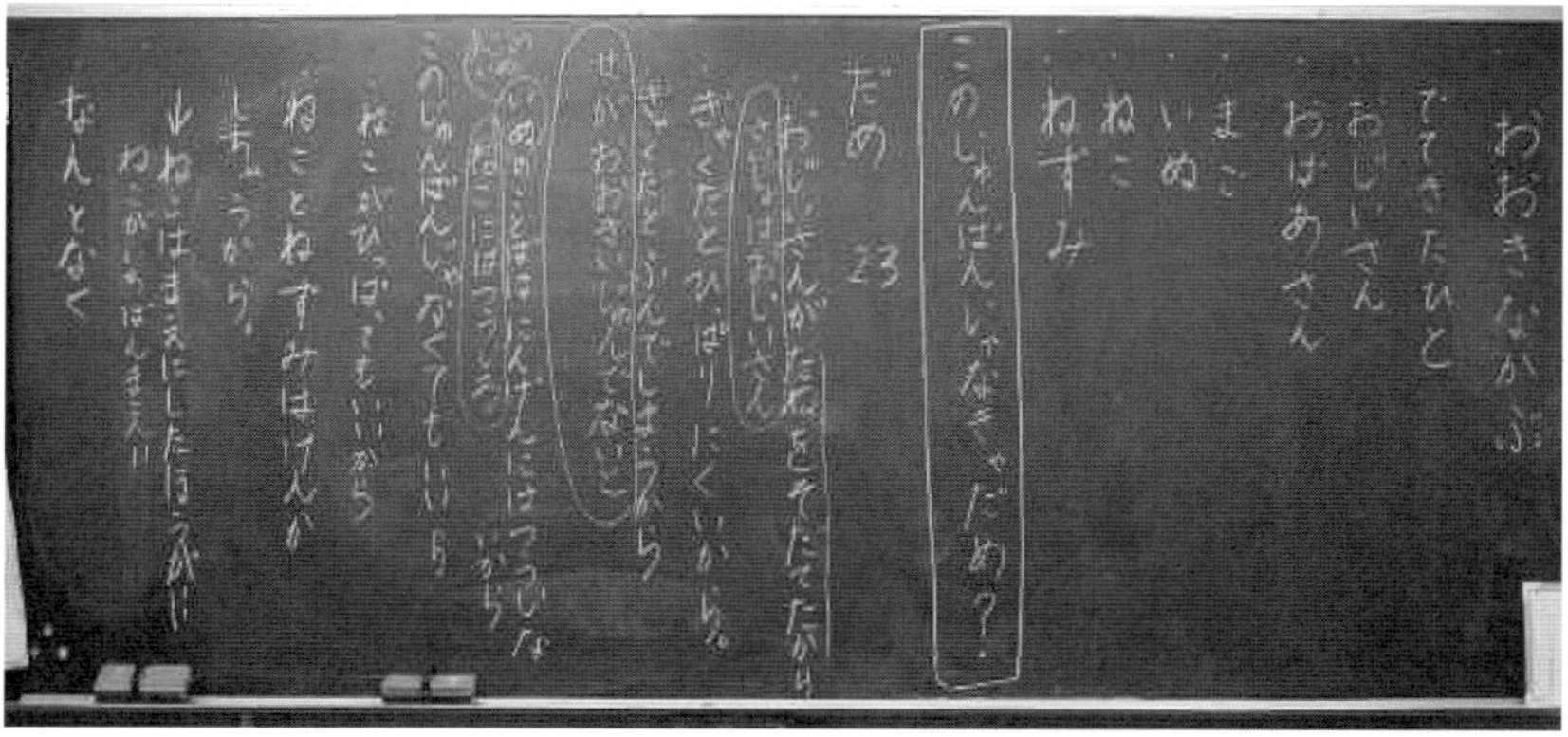

を考えさせます。子どもたちからは、「本当に大きくなってほしいんだよ」「おじいさんはそれだけ気持ちを込めて種をまいたんだよ」というような意見が出てきます。こうした話し合いを踏まえて、「じゃあ、ここの繰り返すところはそういう気持ちを込めて読んでごらん。はい、練習してみて」と言うと、子どもたちは真剣に練習します。

このような指導を積み重ねていって、最後は音読劇のように、班ごとに読む担当を決めて読ませてもいいかもしれません。

●出てくる順番は他の順番でもいいよね？

「音読」で物語を楽しむだけで学習を終えずに、「論理的に」読み、なおかつ2年生以降でも使える力をつけていくことも大切です。

この「おおきなかぶ」は、「順番」を考えさせることが重要な教材です。次のような1時間の授業をしました。

①この物語に出てきた登場人物を、出てきた順番通りにノートに書かせる。

②「他の順番でもいいよね？」と発問する。すると、子どもたちは「ダメ！」と口々に言う。
③「それじゃあ、なんでダメなのか、理由を書いてごらん」と指示し、ノートに書かせる。
④発表する。

子どもたちからは、次のような意見が出てきます。
・最初は、種を植えたおじいさんじゃなきゃおかしいから。
・おじいさんと仲がいいのはおばあさんだから、おばあさんを呼んでくるにきまっているから。
・背が大きい順じゃないと、つかみにくいし、力が入らないから。
それぞれ、「順番」を自分なりに考えているのがわかります。最初の意見は「大きなかぶへ思い入れのある順」に並んでいるととらえているのでしょう。次の意見は「仲がいい順」に連れてきたととらえているのでしょう。最後の意見は、「背の順」だととらえているのでしょう（確かに、並んでいる背がバラバラだったら、それぞれが「つかみにくく」、引っ張りにくいですね）。

このように、子どもが自分なりに、叙述を基に考えを出し合うことが論理的に考えることの第一歩です。

●おじいさんが一番ありがとうを言いたい人は？

「順番」について考えさせた後は、「一番」を問います。

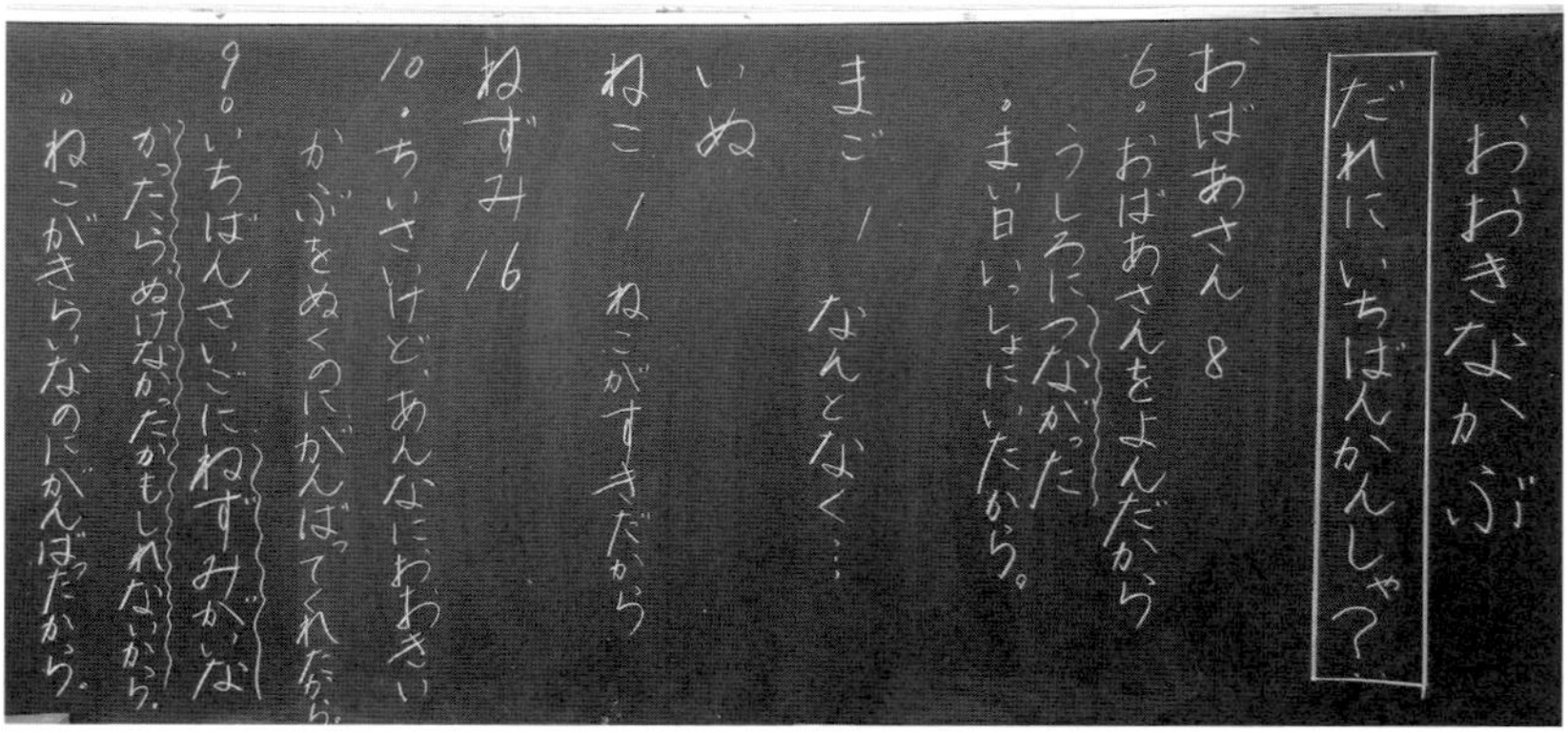

「おじいさんが一番感謝しているのは誰だろう？」と発問しました（1年生に「感謝」という言葉は難しいかな、と思ったのですが、「感謝って知ってる？」と聞くと、思いのほか「知ってる！」と口にする子どもがほとんどでした）。授業の流れは次の通りです。

①おじいさんが一番感謝しているのは誰か、ノートに書く。
②話し合う。
③もう一度考え、おじいさんになりきって、一番感謝している人に手紙を書く。

子どもたちは、「おばあさん」派と「ネズミ」派の真っ二つに分かれました。

それぞれの言い分はこうです。

〈おばあさん派〉
・おばあさんを呼ばなかったら始まらなかったから。
・毎日一緒にいて、一緒に世話をしたと思うから。

〈ネズミ派〉

・ネズミさんはねこが嫌いなのにがんばってくれたから。
・ネズミが来なかったら抜けなかっただろうから。
・ネズミは一番体が小さいのに頑張ってくれたから。

この問いには正解がありませんが、とても議論は盛り上がりました。また、「おばあさんを呼ばなければ……」とか「ネズミが来なければ……」などという意見は、文脈を基に、「論理的に」考えている表れです。

話し合いに基づいて、最後に次のような手紙を書きました。

〈おばあさんへ〉

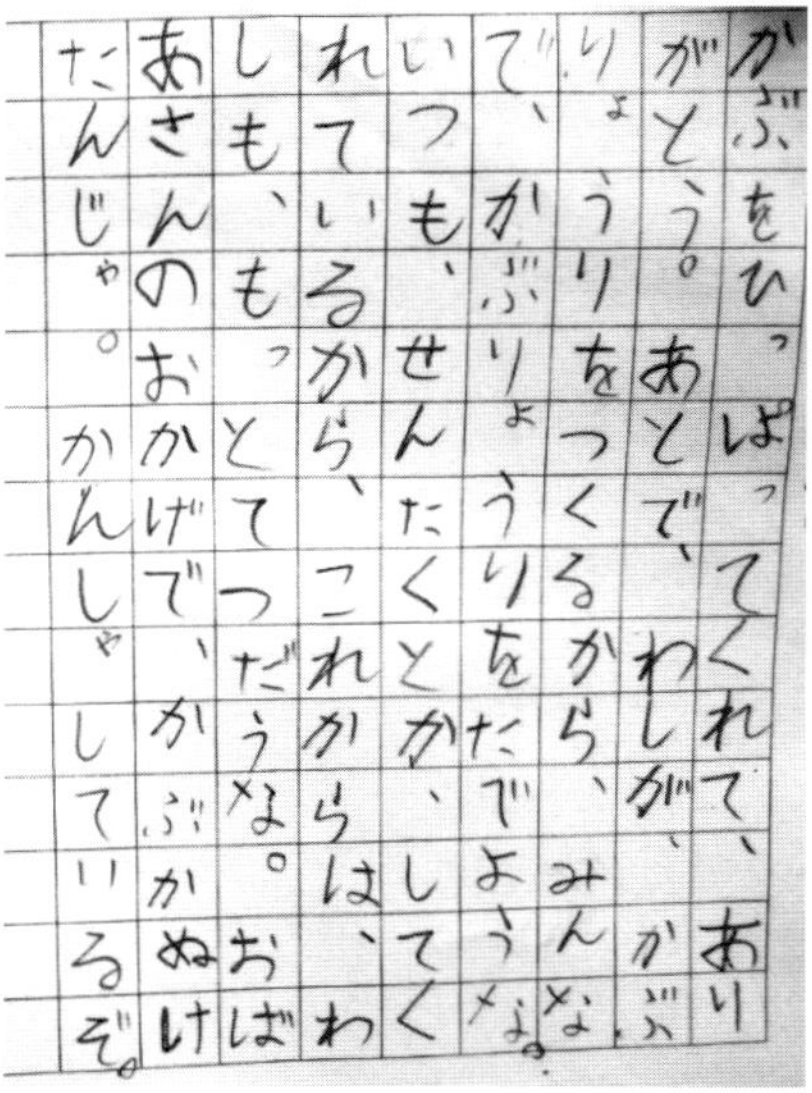
がぶをひっぱってくれて、ありがとう。あとで、わしが、かぶりょうりをつくるから、みんなで、かぶりょうりをたでようよ。いつも、せんたくとか、してくれているから、これからは、わしも、もっとてつだうよ。おばあさんのおかげで、かぶかぬけたんじゃ。かんしゃしているぞ。

〈ねずみへ〉

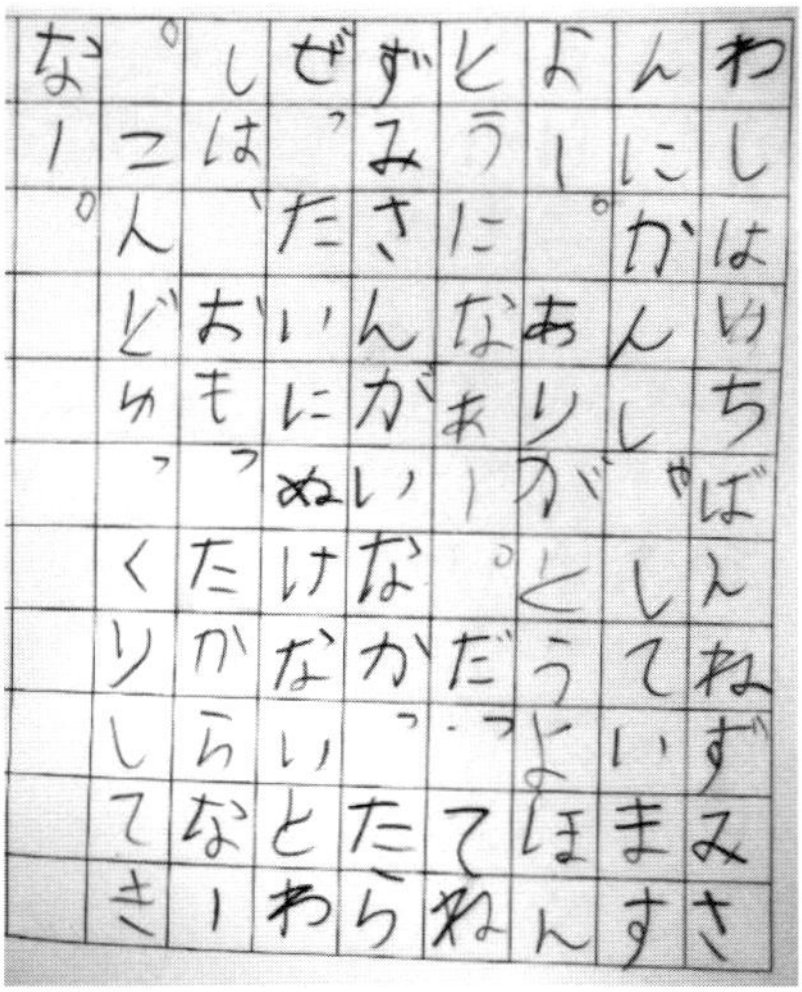
わしはいちばんねずみさんにかんしゃしていますよし。ありがとうよほんとうになあー。ってねずみさんがいなかったらぜったいにぬけないとわしは、おもったからなー。こんどゆっくりしてきなー。

話すこと・聞くこと　書くこと　読むこと　言語事項

⑶「ゆうやけ」の指導

■単元の流れ

①題名（ゆうやけ）について話し合い、教師の範読を聞く。簡単に感想をノートに書く。
②③音読練習をする。
④物語の設定（人・時・場所）を確認する。「人」は重要だと思う順に書かせる。
⑤くまの子とうさぎの子、どちらが重要か、話し合う。
⑥教師の「間違い読み」を聞き、なぜポケットに手をつっこんで喜んだか話し合う。
⑦⑧きつねの子の日記を書く。

■単元のねらい

・場面の変化を考えながらスラスラ音読ができる。
・行動に関する叙述から心情を考える。

●くまの子とうさぎの子、どちらが重要？

「ゆうやけ」は、教科書（上）の最後の物語教材です。ここでももちろん音読を中心に学習を進めますが、だんだん読み取りもしていきましょう。ここでは、音読を中心に学習を数時間進めた後、「物語の設定」を確認します。

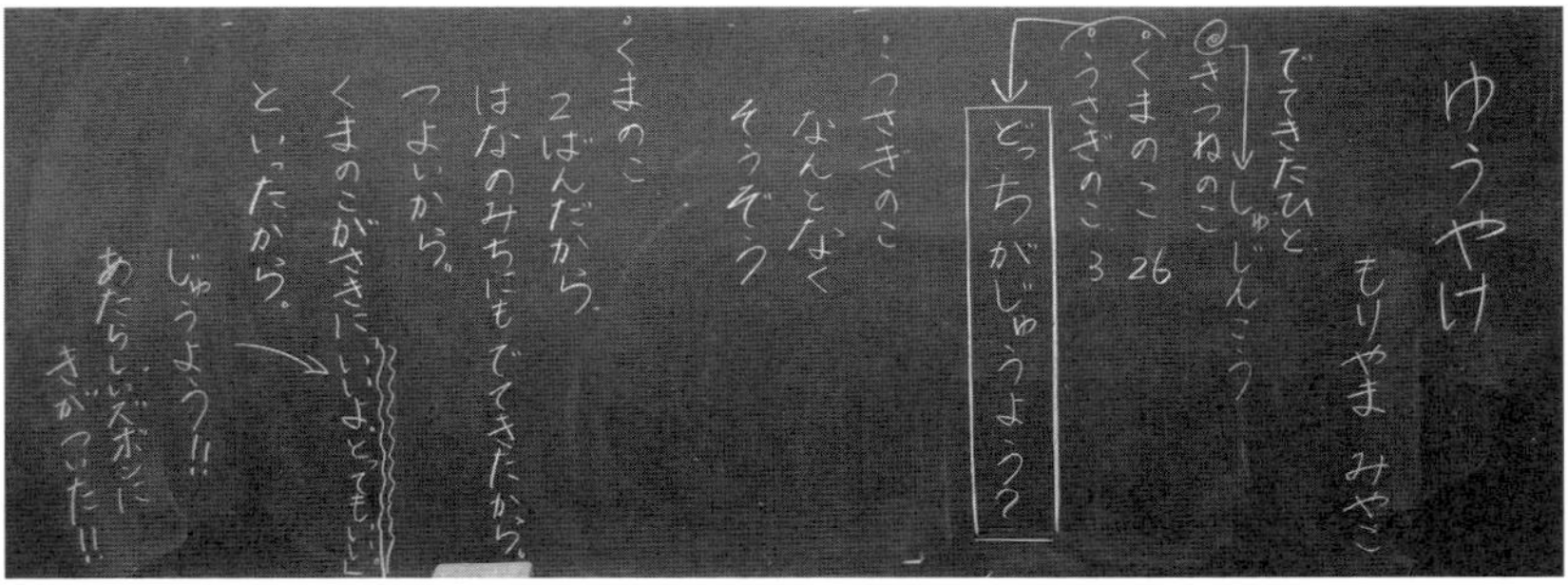

物語の設定は言うまでもなく「人・時・場所」です。この教材では、「人」を確認する際に、読みを深めることができます。「ゆうやけ」には主人公であるきつねの子とその友達のくまの子とうさぎの子が出てきます。主人公はすぐにきつねの子とわかりますが、くまの子とうさぎの子が同列で扱われがちです。しかし、この２人を比較させると面白く論理的に読むことができます。

次のような流れで授業をします。

①登場人物を書き出させる。

②全体で確認する。このとき、「きつね」「くま」などと書いている子もいるので、「きつねの子」や「くまの子」という言葉を比較させるとよい。

③きつねの子が主役、主人公であることを確認する。

④「くまの子」と「うさぎの子」どちらが重要かを考える。「重要」という言葉は、「大切」などと説明するとよい。

⑤話し合う。

はじめから、ほとんどの子が「くまの子」のほうが重要だと主張します。「うさぎの子より先に書かれているから」という意見からです。しかし、そのうち、「『いいね、とってもいい』と先にズボンをほめてあげたのが『くまの子』だから」ということに気づく子が出てきます。この意見が出ると、子どもたちは、「本当だ！」と興奮します。

このように「登場人物の重要さ」を話し合うことで、叙述に即しながら論理的に読むことができ、より深い読みを達成することができるのです。

⑷ 入門期後（「たぬきの糸車」や「だってだってのおばあさん」）の指導

ここまで、「論理的に」読み取りながら、物語を楽しんでいく指導を紹介してきました。

物語を楽しみながらも、「論理的に」叙述に基づいて考えているので、子どもたちの力は高まっていきます。入門期後の2つの教材についても同じですが、より論理的に、叙述に基づいて議論を重ねていきます。入門期ではないので詳述は避けますが、次のような学習課題（発問）で学習を行いました。

○「たぬきの糸車」

・物語の設定を確認しよう。

・この物語の季節はいつか考えよう。

・たぬきは、冬はどれくらい小屋に来ていたのだろう。
・おかみさんは、冬の間はたぬきのことを考えていたのだろうか。
・おかみさんの日記を書こう。

○「だってだってのおばあさん」

・物語の設定を確認しよう。
・どこから5才のおばあさんになったのだろう。
・あなたは、どちらのおばあさんが好き？
・おばあさんはどちらの自分を気に入っている？
・5才のおばあさんと99才のおばあさんが出会ったら？　対話劇を考えよう。

この頃には、長い時間の議論にも耐えられるようになっているとよいです。また、話し合いの後、「感想」に「心に残った友達の意見」を書くように指導します。下のように、さらにそれに対する自分の意見まで書けるとよりよいです。私はこのような感想が書けることが、「深い学び」をしている証拠だと考えています。

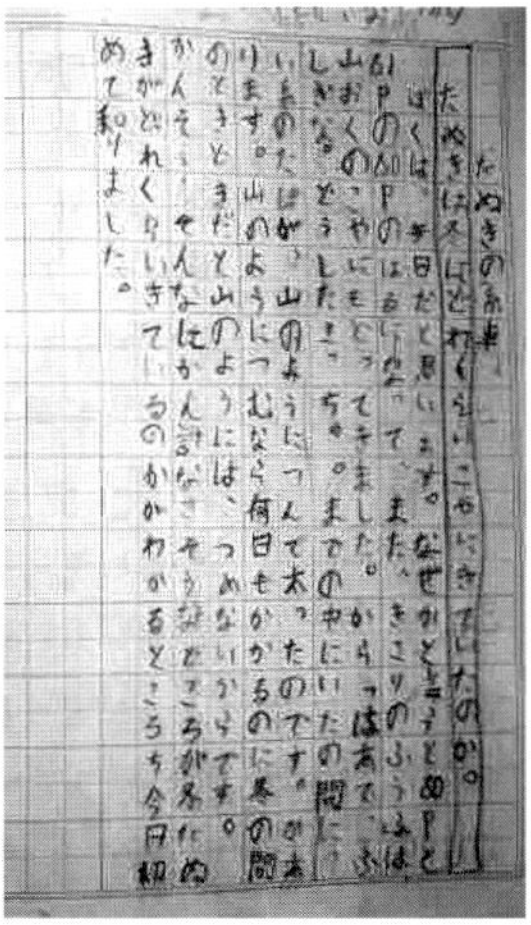

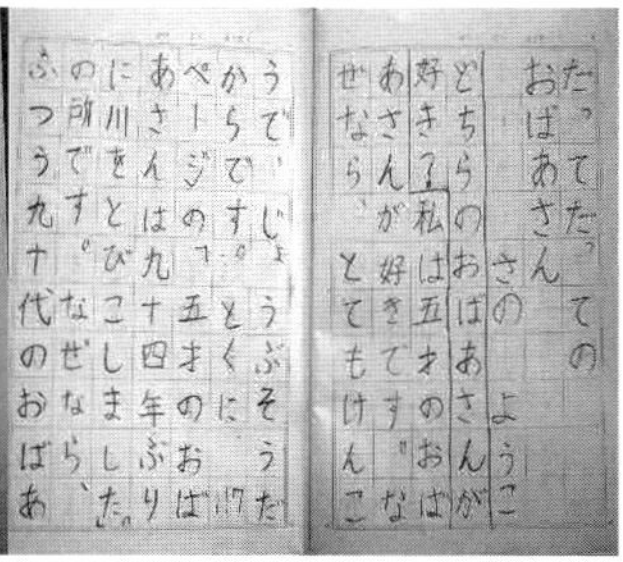

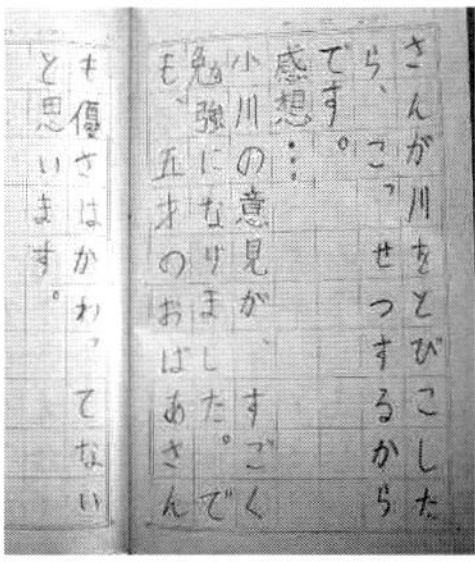

4 自分の考えをもちながら「感情的」に読む説明文の指導

説明文の授業は、左のような活動に終始すると堅苦しく退屈なものになってしまいがちです。

・段落ごとに区切って読む。
・1問1答で細かく読み取る。
・教材から教わろうという気持ちで読む。

これらの活動が必要ないとは言いません。1年生の入門期ですから、これらの活動を丁寧に取り入れるのも必要でしょう。指導書を開くと、だいたいが右のような活動で終始しています。しかし、これらはすべて「受動的」な活動、読みです。説明文で大切なのは、「自分の考えをもって」読むことです。

説明文指導の大家であり、私の大学院時代の恩師でもある長崎伸仁先生もおっしゃっていることですが、私が意識しているのは、「感情的に」説明文を読ませる、ということです。そうすると、授業は盛り上がりますし、力もつきます。

そのためには、先に挙げた3つと逆のことをしてみましょう。

・教材全体を読む。
・多様な考えが出てくる発問をする。
・自分の考えをもちながら、読む。

このような学習活動も設定していくべきです。そして、このような読みは「実用的」で「主体的」な読みです。新しい学習指導要領に向け、「主体性」が繰り返し述べられており、「主体的に読む力」は、１年生から必要な力です。

教材をそのまま受動的に読み取って終わりではなく、「自分の考え」をもてるような学習活動、発問をしていくべきです。

そのためのキーワードが「子どもたちが感情的に」なるということです。

説明文は物語と違い、一見冷静で、やや機械的な文章です（本当はそうではないのですが）。それを楽しく読ませるために、子どもたちを「感情的に」させます。そうすることで、自分の考えがもてるようになるのです。

ここでは、１年生の入門期における説明文を「感情的」に読ませる学習活動、発問を光村図書１年の教材に即して示します。

(1) 「くちばし」の指導

■単元の流れ

①題名から、知っていることなどを話し合う。教師の範読を聞く。音読をする。
②音読練習をする。
③「問い」の文について知る。「問い」と「答え」をノートに書き抜く。
④教師の「間違い読み」を聞き、挿絵と文章の対応について学ぶ。
⑤⑥自分が思う一番すごい鳥を話し合う。その鳥になりきって文章を書く。
⑦⑧他の鳥のくちばしについて調べ、説明文を書く。

■単元のねらい

・スラスラ音読ができる。
・「問い」と「答え」について知る。
・挿絵と文章の対応に気をつけて読む。

●「問い」の文について知る

「くちばし」は1年生の一番はじめの説明文です。この説明文でつかませたいのは、次の2点です。

・「問い」と「答え」について
・挿絵と文章の対応について

「問い」と「答え」については、丁寧に教えていきましょう。非常にわかりやすい形で出てくるので、指導もしやすいでしょう。ノートにきれいに「問い」と「答え」を書かせるといいです。「問い」の文の必要性については、「この文ってなくてもいいよね？」などとゆさぶり発問をし、「これから話すこと（書くこと）をいってるんだよ」とか「読んでいる人に何かなって思ってもらうためだよ」などという発言を引き出すと、「問い」の文の意義をより深められます。これも子どもを「感情的」にさせて指導しています。

●わざと挿絵を入れ替えて読み聞かせる

もうひとつの挿絵と文章の対応についても、「感情的」に読ませるチャンスです。

そのために、わざと挿絵を入れ替えて読み聞かせるのをおススメします。

「今日は先生が音読を頑張って練習してきたから聞いてね」などと言って動機づけしてから、範読を始めます。このとき、挿絵を大きく印刷しておき、それを見せながら紙芝居風に読み聞かせます。そして、それぞれの鳥のくちばしの挿絵の順番を入れ替えて読み聞かせるのです。

物語の指導で紹介した「間違い読み」の応用です。このように読み聞かせると、子どもたちは「えーっ‼」と食いつきます。構わず最後まで読み、読み終えてから、「何かおかしいことあった？」

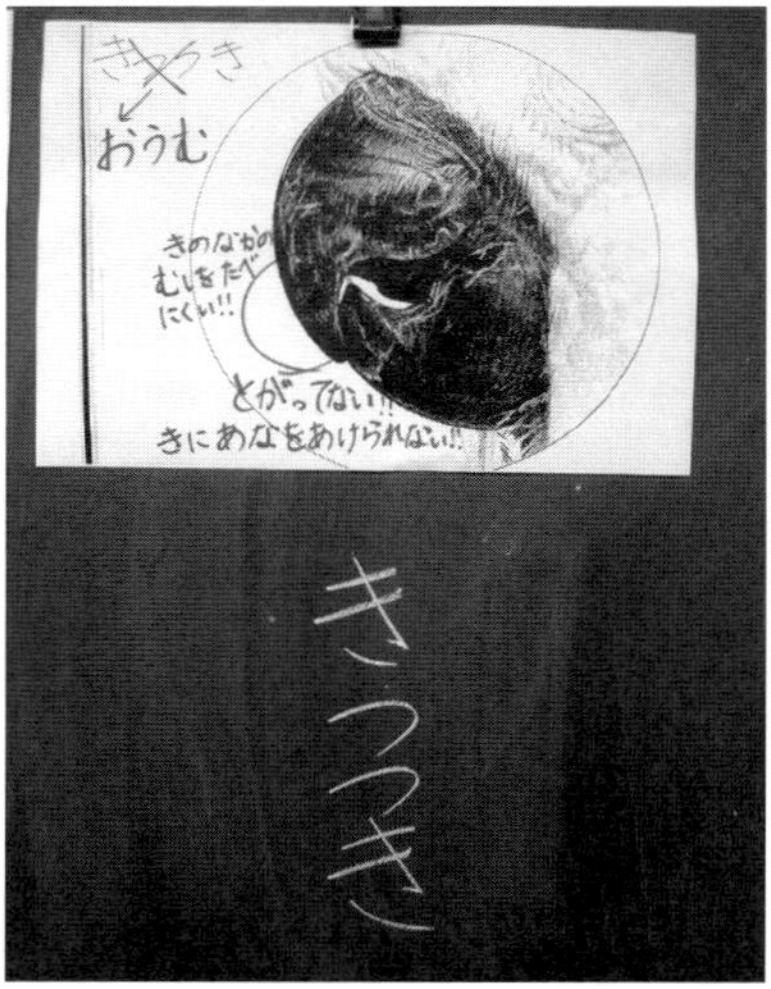

と聞きます。すると、「先生、絵が全然違うよ!!」という声が上がります。子どもたちはムキになって間違いを指摘しようとします。

「きつつきは、するどくとがったくちばしをしてると書いてあるのに、この写真じゃ太いくちばしだよ!!」

文章と挿絵を対応させながら、叙述に即して間違いを指摘させるのです。

先生が間違えると子どもはすぐに指摘するものです。1年生はなおさらです。その習性を利用して、文章と挿絵の対応に気づかせていくのです。

●みんなの一番お気に入りの鳥は?→その鳥になりきって書こう!

次に、「一番すごいと思う、お気に入りの鳥」を決めさせます。

「一番すごい鳥」を決めようとすることによって、それぞれの鳥のくちばしについて、もっと詳しく、比較しながら読むようになります。

これがねらいです。

①音読する。
②自分が思う「一番すごい鳥」を決める。
③話し合う。
④もう一度自分が思う「一番すごい鳥」を決め、その鳥になりきって、くちばしを紹介する。

ここでも、自分なりの「一番」を決めることによって「感情的」に読ませます。また、この後の説明文では「事例の順序」を検討していきますが、「一番」を決めることは、その「基礎」になり、重要なことです。

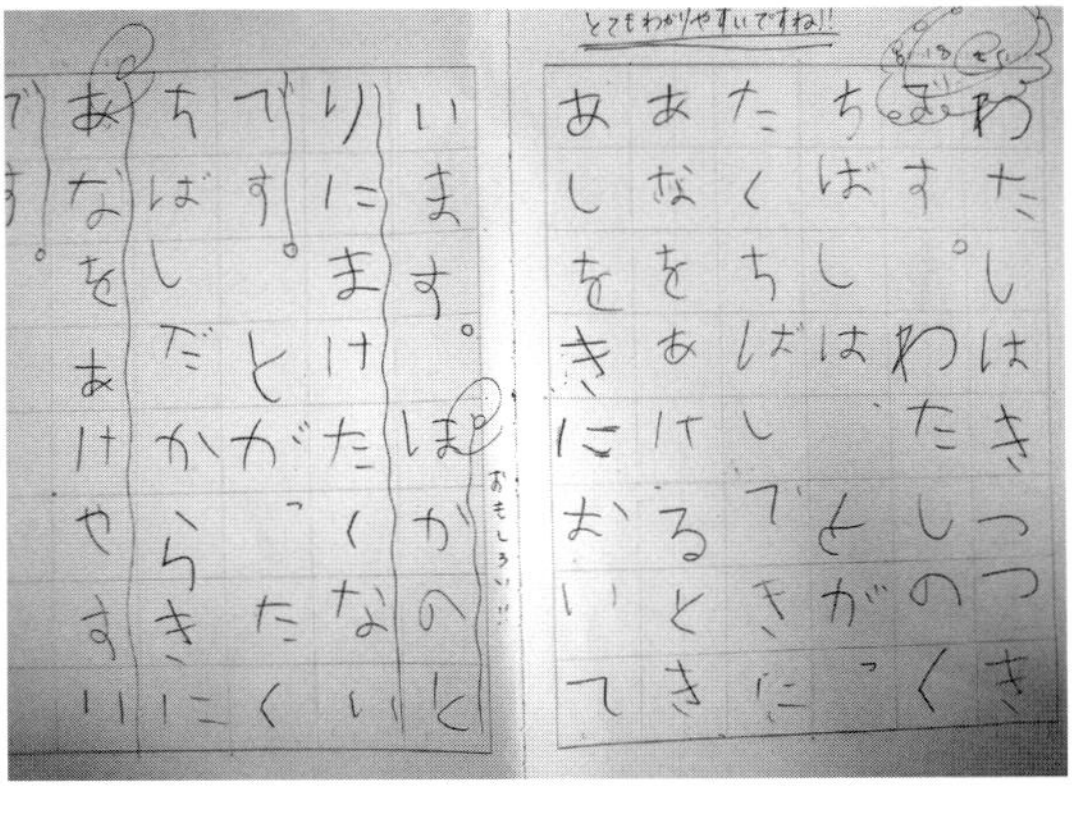

(2)「うみのかくれんぼ」の指導

■単元の流れ

①題名から考えられることを話し合う。教師の範読を聞き、簡単な感想をノートに書く。
②音読練習
③「問い」の文を確認する。ノートにきれいに書き抜く。
④「答え」を書き抜く。

話すこと・聞くこと
書くこと
読むこと
言語事項

⑤どの生き物が一番すごいか話し合う。
⑥順番は適当な順番かどうか話し合う。
⑦⑧隠れている動物について説明文を書く。

■単元のねらい

・スラスラ音読ができる。
・「問い」と「答え」について理解を深める。
・自分の知識や経験などと結びつけながら読む。

●みんなの「すごいと思う」ものは?

「くちばし」の次には、海で巧みに隠れる生き物を紹介した「うみのかくれんぼ」が出てきます。ここでは、まず「題名読み」をしましょう。

「題名読み」とは、題名から内容を推測したり、知っていることを話し合ったりする活動です。これをすることによって、子どもたちの読みは一気に「主体的」になります。「かくれんぼ」という言葉から、海で隠れているということを予想させられるとよいです。

次に「くちばし」で指導した「問い」と「答え」を丁寧に確認します。常に「問い」と「答え」はセットです。「問い」だけを確認するのではなく、「答え」と一緒に確認します。

「うみのかくれんぼ」でも、「問い」の文はすぐに見つかるでしょう。問題は、「答え」です。

この説明文は「問い」以外すべてが「答え」になっています。だから、「答え」を読み取るということはすなわち、すべてを読み取ることなのです。

単純にすべてを詳しく読み取っていっても面白くありません。面白く考えながら読んでいて、結果的にすべて読んでいた、という状態を目指すために、次のような流れで全体の内容を読み取ります。

1時間の授業です。

①いくつの生き物が出てくるかを考える。
②何と何と何が出てくるか、きれいにノートに書く。
③その中で自分が一番すごいと思うのはどれか、理由とともに書く。
④発表し合う。

ねらいは「くちばし」のときと同様、「一番すごいもの」を決めようとすることで、3つの例を「比較しながら」詳しく読むことです。ひとつひとつを区切って読ませるより、はるかに集中して読み込みます。「文をよく読みなさい」と指示しなく

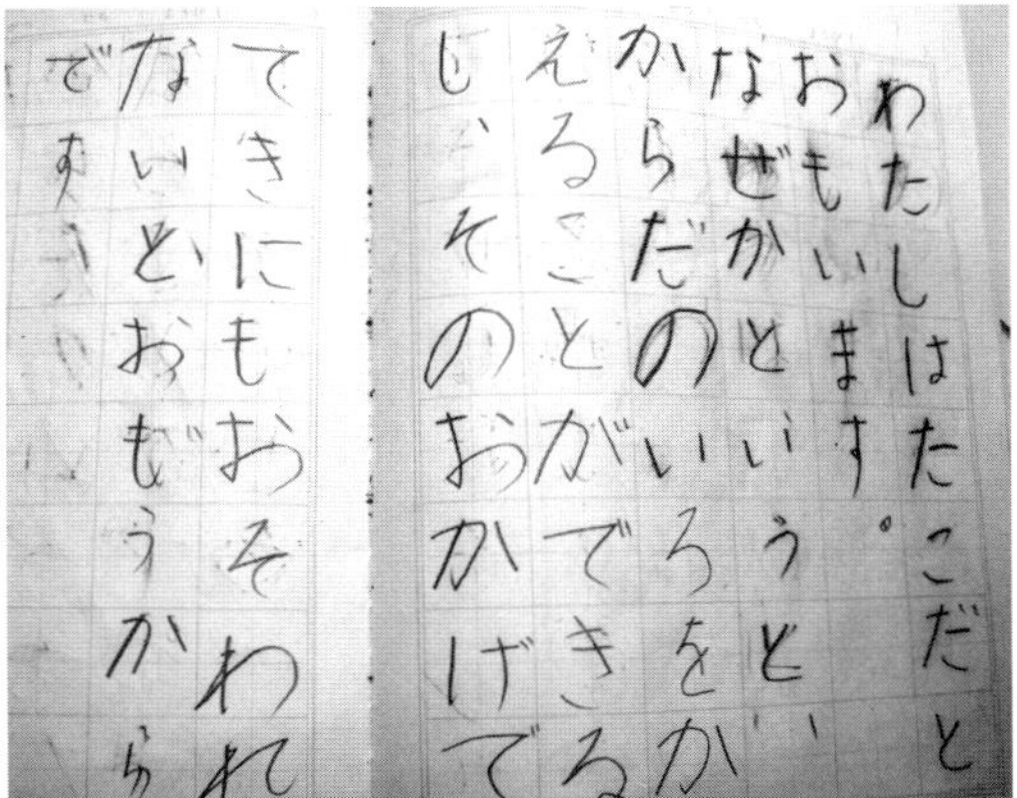

ても勝手に読みます。子どもたちは、前ページの写真のようにノートに自分の考えを全員が書くことができました。

●この説明文では適当な順番で書かれているよね？

子どもたちに「一番すごいもの」を決めさせせると、「もくずしょい」に人数が偏りました。もくずしょいが一番派手な「かくれかた」をしているからでしょう。これを考えさせておくのは、「事例の順序」を検討させるための「布石」でもあります。

次の時間は、次のような学習の展開で「事例の順序」を検討させました。

①教師の「間違い読み」を聞き、間違いを探す。例の順番をバラバラにして読み聞かせる。
②間違いを発表する。
③「出てくる順番はなんでもよいか」という課題について考え、ノートに書く。
④話し合う。

前時に自分にとって「一番すごいもの」を確認しておくことによって「順番」意識が芽生えています。そのため、子どもたちからは様々な意見が出てきます。以下は「ダメ」な理由です。

・もくずしょいって言いにくいから。

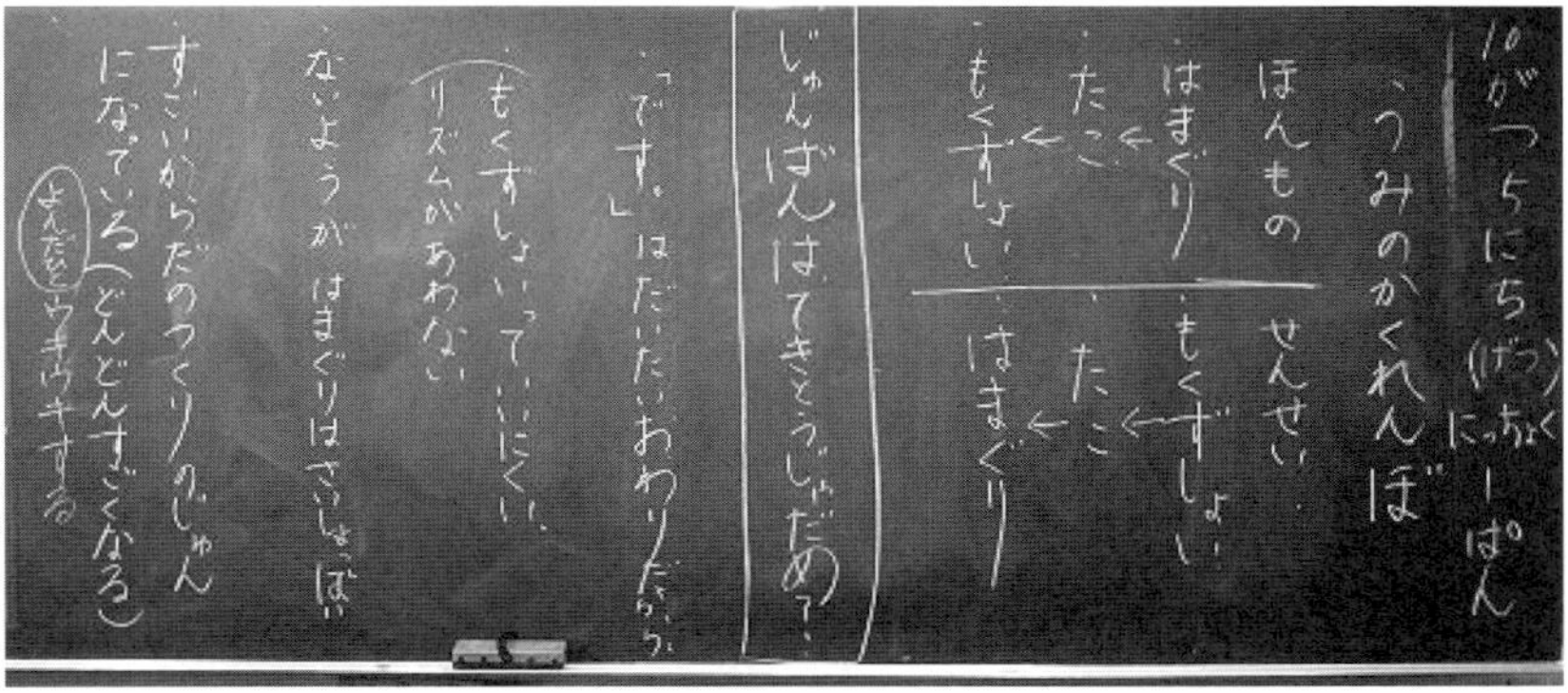

・もくずしょいの文の終わりの「～です。」は終わりに合っているから。
・「はまぐり」の内容はなんだかはじめに出てくる気がするから。

話し合いが深まってはいるものの、叙述に基づいて、という点からは弱い意見でした。

その矢先、次のような意見が出ました。

・すごいかくれ方をする順だと思う。最後にすごいのを出したほうがウキウキするから。

この意見が出ると、子どもたちからは「あー！」という声が上がりました。「誰がウキウキするの？」と尋ねると、その子は「読む人です」と答えました。

このようにして、事例の内容を読み取るだけでなく、事例の順番についても考えることができました。

(3)「じどう車くらべ」の指導

■単元の流れ

①題名から予想される内容や知っている車を話し合う。教師の範読を聞く。
②音読練習をする。
③音読練習をする。「問い」の文を書き抜く。
④「答え」を書き抜く。
⑤何種類の車が出てきたか話し合う。
⑥どんな順番で例が出てきたか話し合う。
⑦〜⑫事例の順序に気をつけて、車を紹介する説明文を書く。

■単元のねらい

・スラスラ音読ができる。
・「問い」と「答え」を正確に書き抜くことができる。
・「事例」について知り、事例の順番から筆者の工夫を読み取る。

●出てくる自動車は何種類？

「じどう車くらべ」は、自動車の「しごと」とそのための「つくり」を紹介していく説明文です。

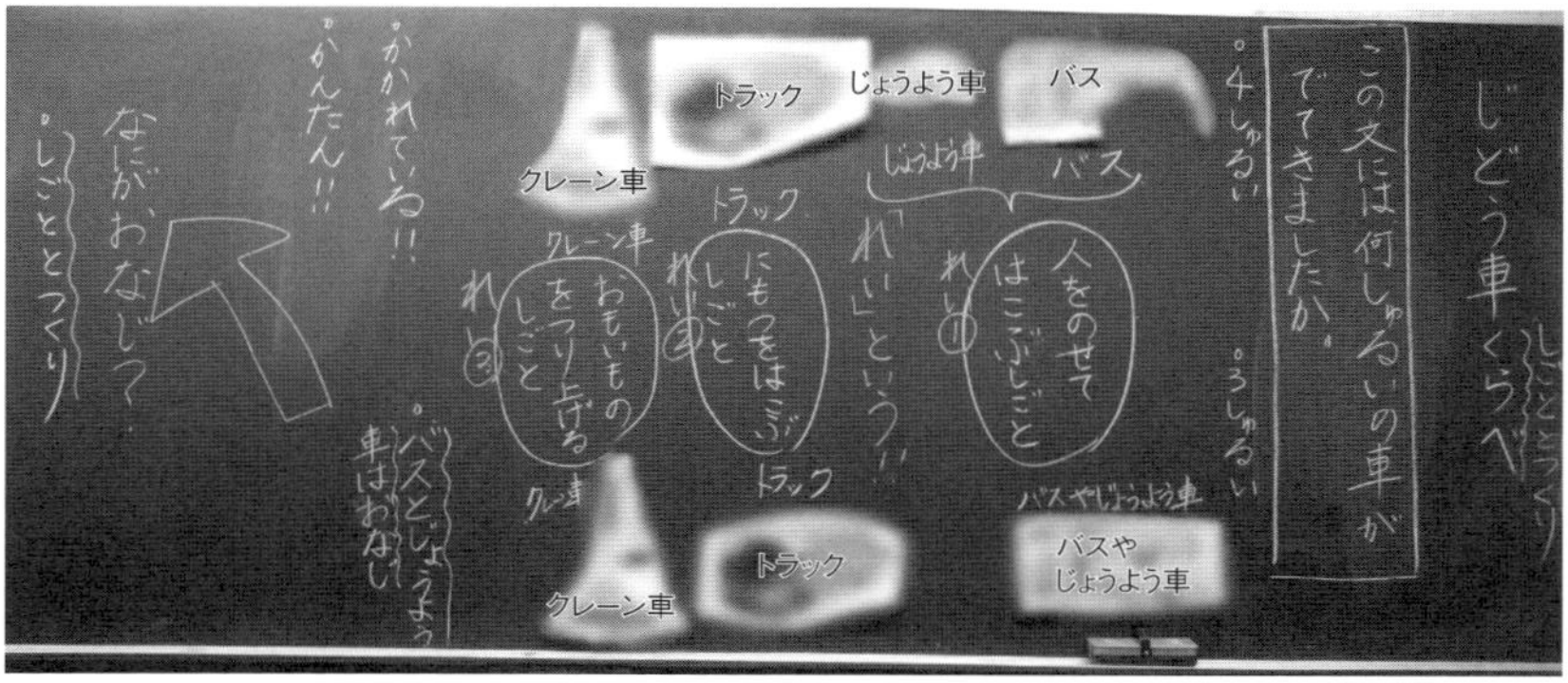

乗用車やバスが「人を運ぶ仕事をする車」、トラックは「にもつを運ぶ仕事をする車」、クレーン車が「重いものを吊り上げる仕事をする車」の代表として挙げられ、それぞれの「つくり」を説明しています。

この教材では、「問い」の文が2文になります。しっかりと押さえ、「答え」を書かせることが重要です。

しかし、これで満足するのでなく、ここでは「例」というものを指導したいと思います。

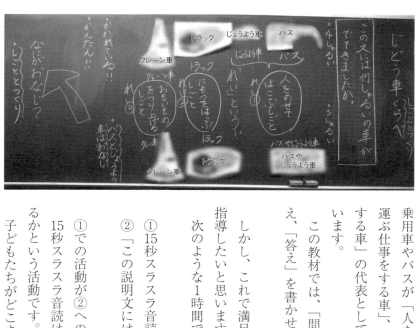

次のような1時間です。

①15秒スラスラ音読をする。どの車までいったか確認する。
②「この説明文には何種類の車が出てきたか」を話し合う。

①での活動が②への布石です。

15秒スラスラ音読は、15秒間でどこまで間違えずにスラスラ読めるかという活動です。

子どもたちがどこまで読めたかを確認するとき、「乗用車までの人？」と言って手を挙げさせます。次に、すぐ「トラックまでの人」と聞くのではなく、あえて「バスまでの人？」と聞きます。すると、「乗用車までの人？」と言って手を挙げた子と同じ子が手を挙げます（ここで子どもたちは「同じだ」とか「先生、同じだよ。だって……」と口にする子もいますが、ここでは取り上げません）。

15秒スラスラ音読を3度くらい繰り返した後、「ところでみんな、この説明文って何種類の車が出てくる？」と問うと、子どもは「そんなの簡単だよ！」と言ってノートに書き始めます。

予想通り、ほとんどの子が「4種類」としていました。次のようにノートに書いていました。

しかし、一人だけ「3種類」という子がいました。その子は「バスと乗用車」は同じととらえているのです。それを発表させると、目を輝かせながら「あっ！　言っていることとわかる！」と口にする子もいました。たった一人の考えがクラスに広がっていきました。

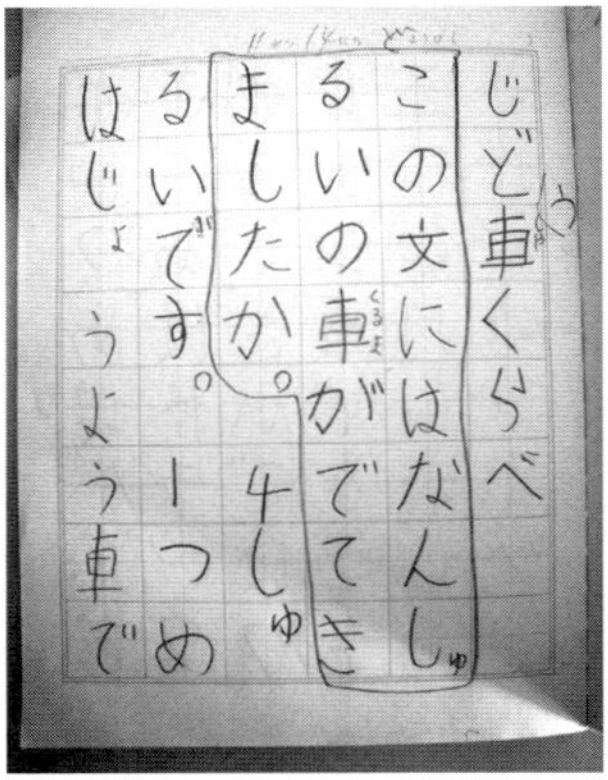

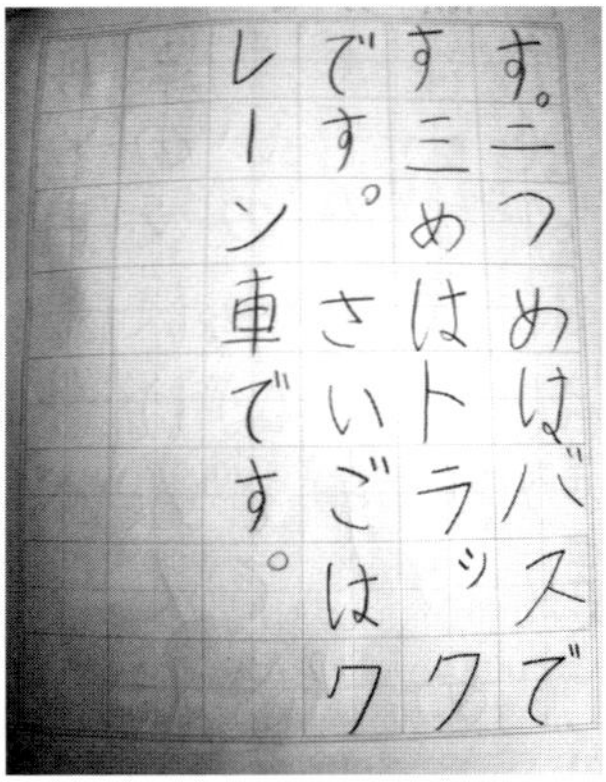

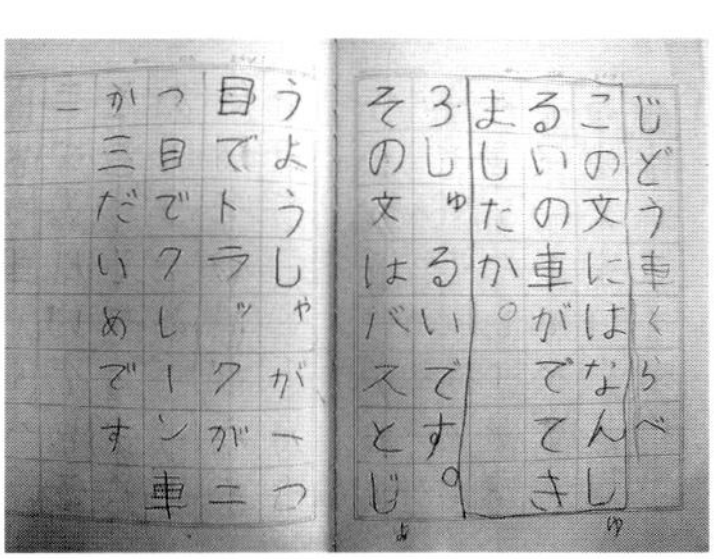

その後「バスと乗用車」は何が同じなのかを確認し、「仕事とつくりが同じ」ということを押さえました。そして、「このように、同じことを説明しているから3種類ともいえるね。このバスと乗用車のグループや、トラック、クレーン車の３つを例といいます。この３つは違う仕事とつくりを説明するために出しているんです」と指導しました。

●事例の順番を変えて読み聞かせる

一度だけの指導では根づかないのが1年生です。何度も何度も繰り返し指導することが求められます。ここでも「うみのかくれんぼ」と同様、「事例の順序」について考えさせたいものです。その際も子どもたちを「感情的」にさせてから取り組むべきです。

次のような流れで指導しました。

①「間違い読み」を聞き、間違いを探す。「先生、とっておきの練習をしてきたから聞いてよ」

②間違いを発表する。

③「でも、先生はクレーン車がかっこいいと思うから一番はじめに読んだんだよ？　別にいいでしょ？」とさらにゆさぶり発問をする。

④「３つの例が何順か」を考え、ノートに書く。

⑤話し合い、まとめをする。

「うみのかくれんぼ」で「事例の順序」を扱っていたので、比較的すぐ意見が出てきました。何より、③のゆさぶり発問への子どもたちの反応は、「ダメだよ！　そんな適当なんじゃないんだよ！」と怒り気味の子もいれば、「もう先生全然わかってないなあ」とあきれ気味な子もいるなど、とても面白いものでした。

子どもたちは説明文の学習を通して「感情的」に読むようになり、筆者の意図まで迫るようになってきています。この時間には次のような意見が出されました。

・見たことがある順
・よく見る順
・のったことがある順
・ワクワクする順
・子どもたちが知らない順

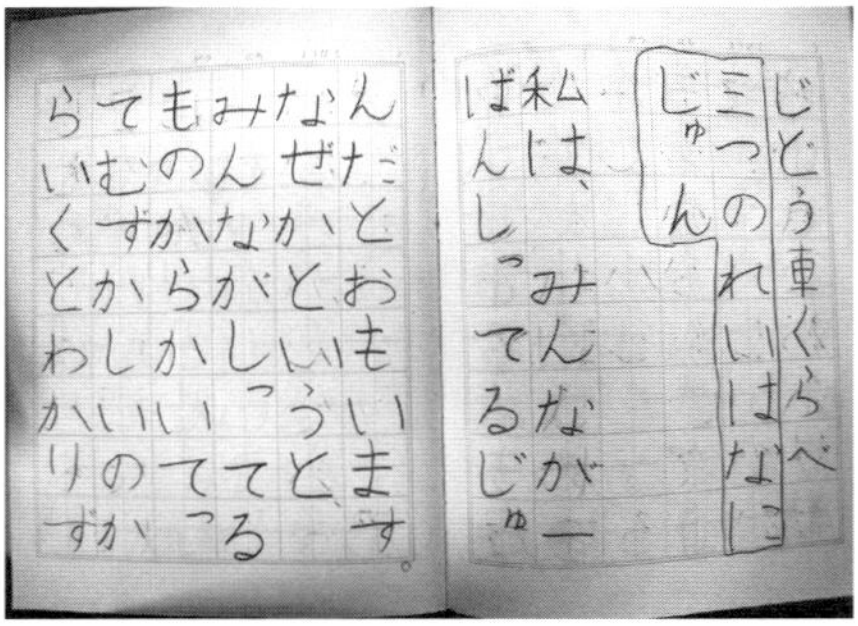

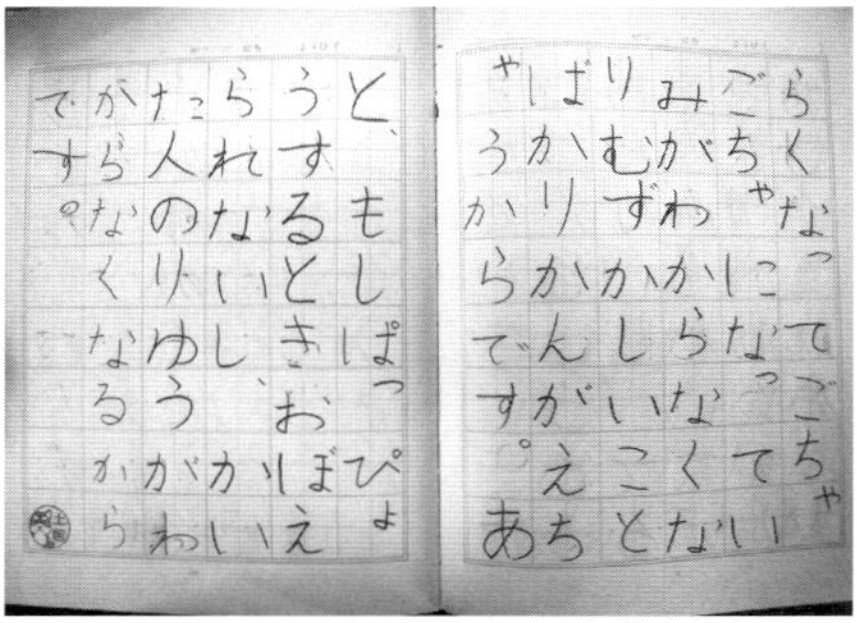

最後の意見しか「主語」が出てこなかったので、それぞれの主語を子どもたちと確認すると、「大体の人が」とか「読む人が」ということでまとまりました。すなわち、「私たちや読む人が、わかりやすくするためです」ということが、ゆさぶり発問を契機にわかったのです。

このように「事例の順序」という概念は、子どもは、「繰り返す」ことで根づきます。

それは、次の「どうぶつの赤ちゃん」の学習の際にも発揮されるとともに、説明文を読むときや書くときに一生使える概念でもあります。「感情的に」迫りながら、確かな力をつけていくことができる授業を目指しましょう。

●読む人がわかりやすい順番で自動車を紹介する

単元の最後に、読む人がわかりやすい順番を意識して、自分が調べた自動車を紹介する文章を書く活動を設定しました。

指導書では、1種類の自動車を調べてその自動車の仕事とつくりを書いて終わりですが、「例の順番」まで指導してきたからには、三次でもそれを活かすべきです。

子どもが書いたものからは、「書く力」の高まりも感じられますし、例の順番にも工夫が見られます。

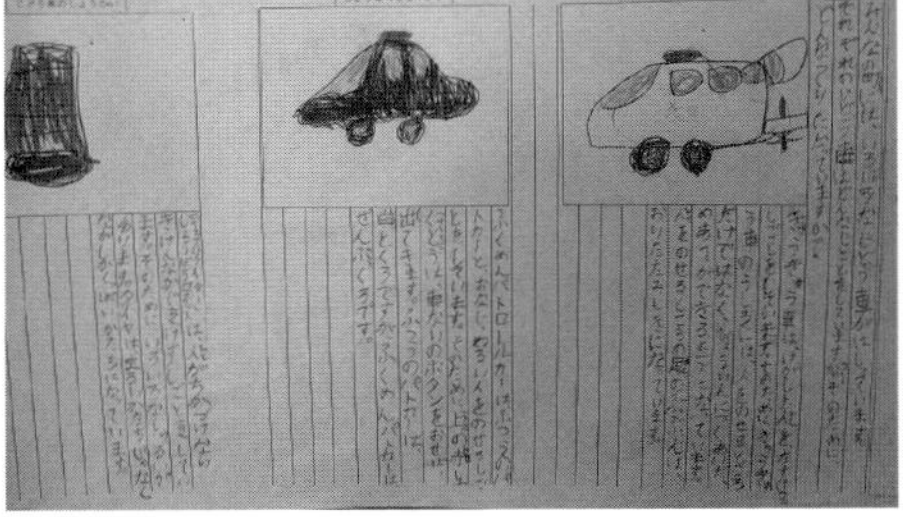

(4)　入門期後（「どうぶつの赤ちゃん」）の指導

「どうぶつの赤ちゃん」は、2年生になるのも見えてきた2月の単元です。したがって、本格的に「読み取り」をする単元と定めて、音読などは宿題にしました。次が単元指導計画です。

①題名読みをし、自分が見たことのある動物の赤ちゃんについて話し合う。この際、大きく2つに

分け、「人間はどちらだろう？」と布石を打っておく。

②15秒スラスラ読みを中心に音読練習をする。「問い」の文を書き抜く。

③ライオンとしまうまの違うところはいくつかペアで数え、話し合う。

④ワークシートにライオンとしまうまの違いを書き抜く。対比の観点を子どもたちの言葉で書く。

⑤人間はどちらに似ているか考える。

⑥筆者は例を何順に並べているか考え、話し合う。

⑦自分の調べるものを決め、調べる。

⑧⑨対比的に説明する説明文を、例の順番に注意して書く。

⑩説明文を読み合い、コメントを付箋に書き、貼り合う。

入門期ではないため授業の詳述は避けますが、子どもたちの到達の様子を写真で示します。

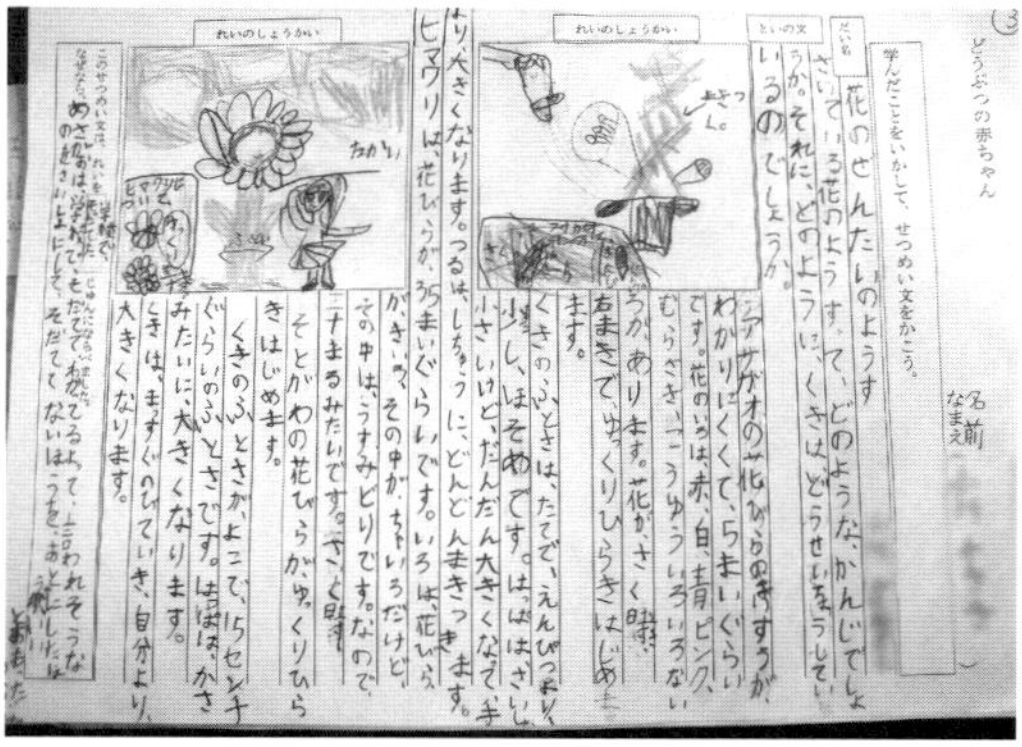

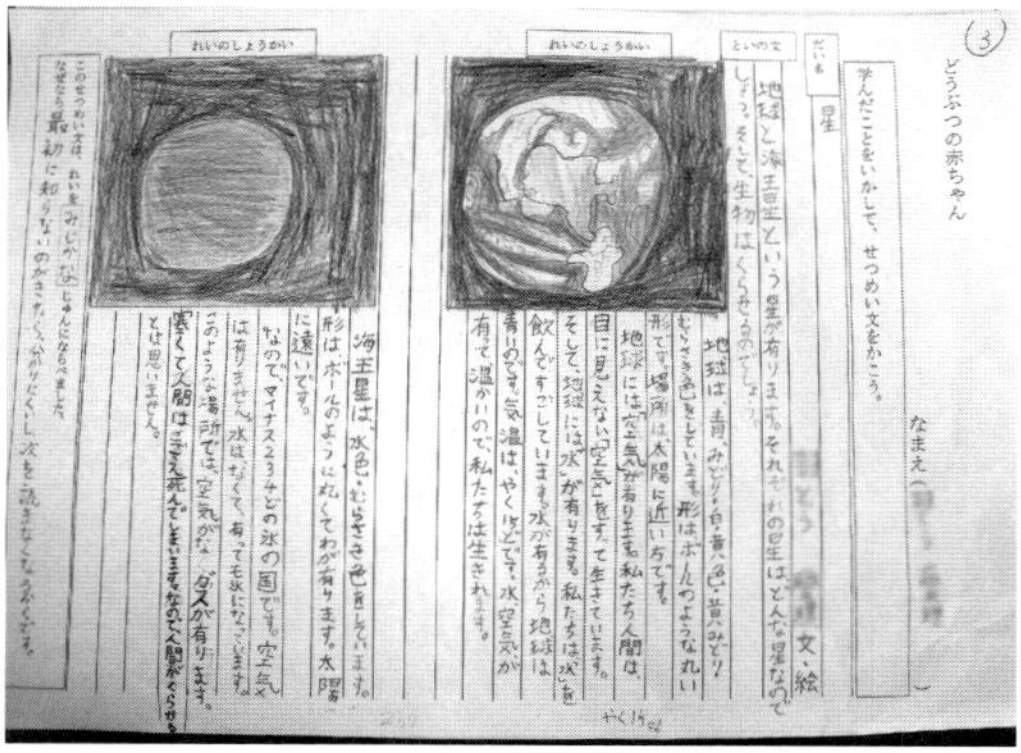

第４章
入門期にこそ徹底したい！
「言語事項」の指導

1　正しく、きれいに字を書かせる方法

(1)　とにかく、お手本を真似て書かせる

字のきれいさ。それは最も指導が顕著に表れるところです。

保護者が最も見ているのは、わが子の字のきれいさである、と言っても過言ではありません。特に1年生です。最初が肝心ということできれいに書いてほしいと思っている保護者がほとんどです。

しかし、子どもが何か書いて持ってきたとき、「もっときれいに書きなさい！」などと言って一蹴するような指導ばかりではいけません。このような指導の何が問題かというと、「字をきれいに書ける方法」を教えていないのです。「きれいに書きなさい」で書ければ、教員はほとんど必要ないでしょう。

それでは、どのような指導法がいいのでしょうか。

私がしてきた指導法は、簡単に言うと、子どもたちに自分の字とお手本とを比較させ、違いに気づかせていく指導法です。名づけて、「理詰め文字指導法」です。

まず大前提として、文字は「真似ること」でうまくなります。これは、筑波大学附属小学校の桂先生がご著書で主張されていることです。よく、「なぞる」という練習がありますが、あれは字の形を覚えたり、書き順を覚えたりするための行為であって、「字形をきれいにする」ための行為ではありません。字形をきれいにするには、とにかく「見て真似させる」ことにつきます。

真似をするためには、「よく見る」ことが大切です。しかし、子どもに「よく見てごらん」と言っても、よく見るための「方法」や「観点」を示してあげなければできません。

そのために活用するのが「比較」です。

例えば、「王」という字の長さを比較させるのです。お手本を見せ、「一番上と下、どちらが長い？よく見てごらん」と言ってやれば、わからない子はゼロになります。

ただやみくもに「字をきれいに」するのでなく、「よく見る」ための観点や「比較する」思考も身につけさせるのです。これらを意識して行えば、字の指導はより大きな意味をもつものになります。字の指導の目的を「字をきれいに書く」ということだけにとどめてしまっては、もったいないです。

1年生では、「比較できる」ということも積極的にねらっていきましょう。

文化庁が平成28年に出した「常用漢字表の字体・字形に関する指針（報告）（案）」では、漢字のとめやはね、はらいについて、「許容範囲」を広げることが紹介されています。たしかに、文字を「情報伝達のためだけの手段」としてとらえれば、学校でもそれでもいいのかもしれません。しかし、このように「よく見る」姿勢や「比較する」思考を身につけさせることもねらいにすると、理詰めで、文字を正確に書かせることには大きな意味をもつようになります。

(2)「個人指導」で「理詰め」する—ひらがなは「長短」を意識する—

さらに言えば、字の指導で一番重要なのは「個人指導」です。そして、「即時評価」と「即時指導」

が欠かせません。

よく、ドリルなどを集めて職員室や教室で丸をつけている先生がいます。はっきり言って、その丸つけをされたドリルが子どものもとに返ってくる頃には、子どもの記憶からはどんな文字を書いたかは残っていないでしょう。記憶にないことを、赤ペンで直されても、ほとんど意味がないのです。

そうではなく、子どもが書いた「その場」「その時」に評価するのです。

ひらがな練習帳や漢字ドリルを持って来させて、どんどん、評価や指導をしていくのです。


この際、大切なことは2つです。

ひとつ目は、評価するためには、「評価の観点」を決めておかなければいけない、ということです。

最もダメな評価は、「下手な字」という評価です。このように評価したら、指導する内容はありません。「雑な字だ」という評価も、「丁寧に書きなさい」という指導しかできません。あらかじめ「評価の観点」を決めていないと、このような評価と指導になってしまいます。

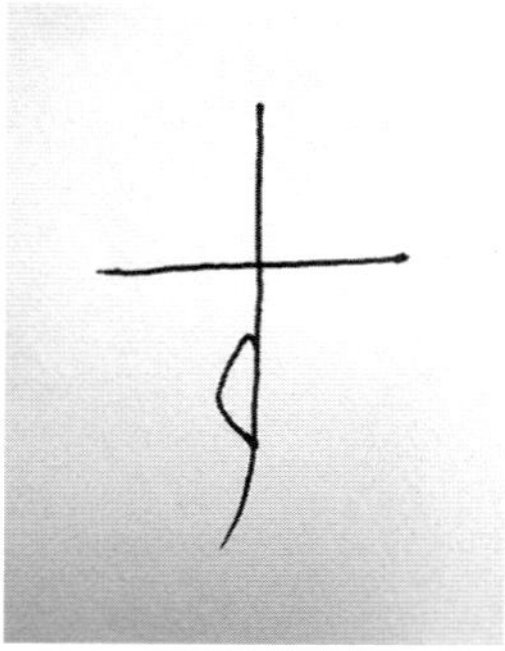

評価は具体的であればあるほど、細かい指導ができます。私は、「とめ・はね・はらい」はもちろんのこと、特に「長短のバランス」に気をつけています。それは、お手本との「比較」で誰しもが理解できることだからです。同時に、「比較する」という思考を鍛えることもできます。
ですので、例えば子どもが、上の「す」を書いてきたら、「2画目を書く場所が、やや右になっていない」と評価をします。つまり、上の横

棒のバランスが悪いということです。このように評価すれば、そこを重点的に指導できるわけです。

このように、子どもの文字を評価するには、あらかじめその字の「評価の観点」を決めることが重要です。あまり細かすぎてもいけませんが、ひらがな、カタカナの場合は、特に「長短のバランス」を意識するだけでぐっと字はうまくなります。そして、「どちらが長いか」は誰でも判断でき、「比較する」ことができるので、一石三鳥ぐらいの効果があるのです。


２つ目に重要なのは、「指導の仕方」です。

単純なことですが、先ほどの「す」の字の横棒のバランスを整えるために、どのような言葉かけをしていくべきか。それは次項で述べます。

(3) スモールステップで取り組む「理詰め文字指導法」

先ほどの「す」の場合、「2画目は少し右側に書くんだよ」と教えてしまえばそれでおしまいです。しかし、それでは、子どもの力は伸びません。

そもそも、文字をきれいに書かせるということだけでなく、「比較する」という思考や「よく見る」姿勢を身につけることもねらっているのが「理詰め文字指導法」です。ですから、「字のポイントを直接的に教えて、それができるようになり、字をきれいに書けるようになった」というだけでは物足りません。次のような姿をねらっています。

・自分の字をお手本とよく見比べている。
・「どこがいけないと思う？」と聞かれたら、お手本と違うところを自分の言葉で言える。

このように、自分の目で見て、比べられるようになれば、字がきれいになるだけでなく、「比較」という「ものの見方」も身についていきます。

そのために、こちらの指導法もはじめから「直接的」に字のポイントを教えるのではなく、子どもたちに気づかせるようにしていきましょう。

例えば、ひらがな練習帳や漢字ドリルを見せに来たとき、「この中でダメな字はどれだと思う？」と聞き、自分で見つけさせます。このひと言でダメな字を見つけられる子には、かなり字を見る目が育っているといえます（最初から見つけられる1年生はまずいないでしょう）。

この声かけで見つけられない場合、「この字のダメなところはどこ？」と聞いてあげます。見る字を限定してあげるわけです。1年生の場合、これでもほとんどが見つけられません。

次に、間違えた字の隣に正しく書いてあげます。そして、「お手本と比べてダメなところはどこ？」と聞くと、ほとんどの子がダメなところに気づきます。

それでも気づかない場合は、間違いに気づくような印を書いてあげます。ここでほぼ全員がダメなところを言えるでしょう。

それでも気づかない場合は、こちらから口で直接教えてあげましょう。

このような段階的な指導を経て、一人一人、どの子がどの段階で気づくかを記憶しておき、その「気づきのレベル」を高めていけるように声をかけていくのです。そのような指導を加えていくと、字は確実にきれいになります。

そして、字がきれいになるだけでなく、「気づきのレベル」も上がれば、こちらからいちいち「この字はここがポイントだよ」と指導しなくても、子どもが自分でポイントに気づくようになります。それまではパパッとやってすぐに出してきていた子も、席でいったん自分の字をしっかり見直します。そして、「ダメなところは？」と聞いただけでも「上の横棒のほうが長くなくちゃいけないのに、同じくらいになっている」などと言えるようになります。

これぐらい「気づきのレベル」が上がれば、それはほかの字を書くときや見るとき、新しく文字を習うときに自分で字のポイントを発見できるようになっていくので、自ずと字がきれいになっていきます。

また、「理詰め文字指導法」は、基本的に個人指導なので、ドリルを一斉に集めて丸つけをする方法と比べると個人と関わる時間が大幅に増えます。そして、字がきれいに書けるようになるというのは、目に見えやすい力です。「先生に教わって字がきれいに書けるようになった」と、文字指導を通して、子どもの心をつかむことも可能なのです。

「理詰め文字指導法」

手　順

1　教師が、一文字一文字に対する「評価の観点」を決める。「長短のバランス」に着目するとよい。
2　一対一での「個人指導」を基本とする。
3　「直接的指導」はなるべく用いない。「比較する」という思考や「気づきのレベル」を高めることを教師が意識する。
4　気づきのレベルは次の通り。
　レベル1　直接的に教えてやり、それを復唱させる。
　レベル2　気づくような印を書いてやり、この字のダメなところは何？
　レベル3　隣に正しく書いてやり、この字のダメなところは何？
　レベル4　この字のダメなところは何？
　レベル5　この中（1ページの中）でダメな字はどれ？

活動のポイントおよび解説

＊右の観点で子どもの「気づきのレベル」を把握し、レベル5へと高めるように指導していくこと。

「理詰め文字指導法」応用　ひらがな間違い探し

活動内容

教師が間違えた文字を黒板に書き、その間違いを指摘する。

手　順

1　隙間時間などに、教師がひらがなをあえて間違えて書く。
2　「間違いがわかる人？」と問う。
3　前に出て来させ、間違いを指摘させる。

活動のポイントおよび解説

「理詰め文字指導法」の応用編としての活動です。子どもたちは「正解」を言うより、正解と不正解を比較し、「間違い」を言うほうが得意です。写真のように、間違えた字を書いておき、それを指摘させます。個人指導を重ねていくと、「気づきのレベル」が上がっていきます。そうすると、下の写真のような間違いには容易に気づくようになります。それを説明させることで、字のポイントはもちろん、「説明する力」もつけることができます。帰りの会などでやっても盛り上がります。

このようにして、「理詰め文字指導法」で鍛えた子どもたちの字はここまで変わります（もちろん「お手本なし」で書いたものです）。夏休み明けぐらいから指導をして大体3か月ぐらいでここまできれいになります。そして、ただきれいになるだけでなく、一人一人が文字のポイント（特に長短）を押さえ、自分の口で言うことができます。

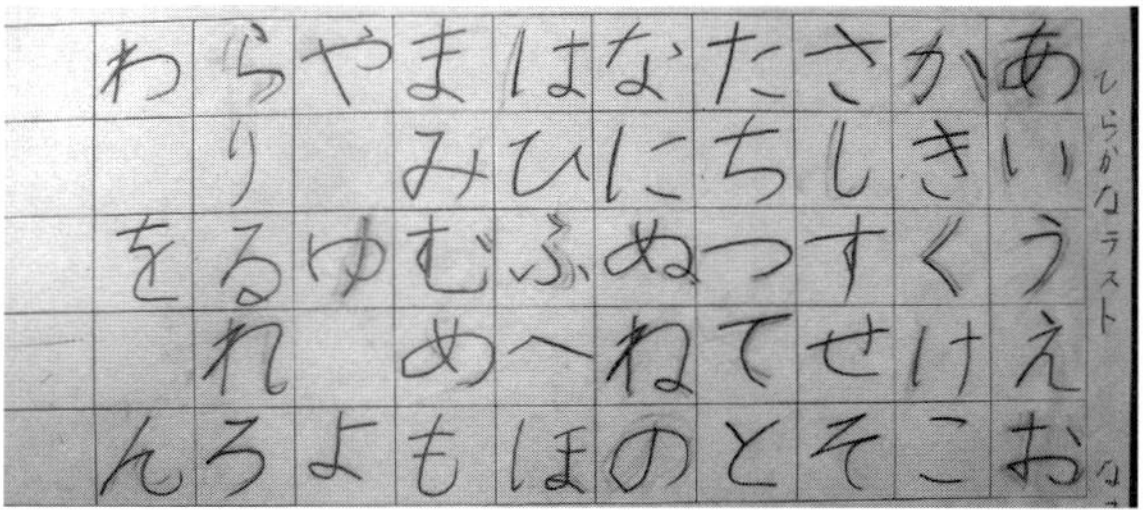

2　教科書暗唱を活用した「て・に・を・は」指導

(1)　暗唱しながら書かせる指導

第2章「書くこと」でも紹介していますが、教科書を暗唱し、それを口で言いながら書く方法をおススメします。これは、必ずしも教科書を1冊丸ごと暗唱しなくてはいけないわけではありません。「っ」や濁音、「は・を・へ」などが意図的に散りばめられている唱え歌のような教材をしっかり覚えさせて、言いながら書かせればよいでしょう。

繰り返し暗唱しながら書かせていくと、「習うより慣れろ」の原理で、書きながら、正しい表記法に慣れていき、自然と身についていきます。

私たち大人だって、「ぼく」は名詞だからそのあとにつくのは「は」だな、などといちいち考えて書いていません。その表記法に慣れているから「は」と書いているのです。

1年生の入門期は特に、音声言語と文字言語が結びついていない子も多いです。その「結びつき」を形成するうえでも、暗唱しながら書くというのは、目と耳を同時に使いながら「慣れていく」活動なので、効果的です。

(2) 苦手さのある子に対する個人指導法

「慣れること」で多くの子は無意識のうちに正しい表記法が身につきます。しかし、それでもなかなか定着しない子もいます。そんな子には、個別に指導していきましょう。給食の前の時間や朝の時間を利用して、「特訓だよ！」と言って練習をすることも必要かもしれません。ただし、あまり多く書かせてはいけません。長時間拘束するとやる気をなくしてしまいますので、最長でも3分ほどで終えられるような課題にしましょう。この点に関しては、「音読」の個人指導法と同じです。

課題は簡単です。「は・を・へ」などを使った文を教師がつくり、それを復唱させて覚えさせ、自分の席でノートに書かせて持って来させるのです。例えば、

・わたしは、いえへかえっておやつをたべました。
・ぼくは、かわへせんたくにいってきました。

など、何でもよいので、それをノートに書かせ、書けたら持って来させるだけです。

ただし、大事なのは、その場ですぐ評価することです。できたらハイタッチ！　間違えていたら直させて、直したらハイタッチです。

1年生ですので、意外と、「ぼくだけほかの子と違うことやらされている……」という気持ちには

ならないようです。ハイタッチしたり、ほめたりすることで、むしろ「できるようになった！」と達成感を得ていきます。

「できるようになった！」という感覚を積ませながら、「やらせすぎず」、適度に練習させながら、少しの特訓を繰り返し、できるようにさせていきます。

少しできてきたら、その子がノートに書き終わって立ち上がろうとしているときに、「○○君、本当に大丈夫⁉　もう1回だけよく読んでごらん！」と自分の席でしっかり確認させるようにします。自分で「音読」してチェックする癖をつけさせるのです。ここまでできれば、その後は自分で間違いに気づくようになります。すると、他の子と同じように、書けるようになっていきます。

3　子どもが主体的に学ぶ漢字指導法

現行の学習指導要領では、1年生では漢字を80文字学習します。2年生ではそれが160文字になります。1年生は少ない、と思われるでしょうが、1年生は文字というものをはじめて学習する学年です。それに加え、1年生は80文字の漢字のほかに、ひらがなとカタカナ92文字も学習するのです。つまり、トータルすると172文字も学ばなければなりません。このように考えると、1年生にしっかり漢字を書けるようにさせるのは、簡単なことではありません。

しかし、抜き打ち（予告なし、試験範囲指定なし）まとめテストでの平均点が学年末で98点を超えられる指導があります。その指導法を紹介していきます。

(1)「漢字ドリル音読」で、まずは「読み」を確実に

漢字習得のステップは、おおよそ次のようなものでしょう。

①漢字が読める。
②漢字の大体の形がわかる。
③漢字の細部（とめ・はね・はらい・長短）がわかる。
④いろいろな漢字の読み方・使い方がわかる。
⑤漢字を自由自在に使える。

これを見ても明らかなように、漢字習得の第一歩は、「読み」です。ですから、まずは、全員がしっかり読めるようにすることが教師の指導の第一歩なのです。そのために考案したのが、「漢字ドリル音読」です。

そもそも、漢字ドリルは「書くためのもの」という固定概念がないでしょうか。しかし、漢字が読めない子にとっては、まず読めるようになるということは、漢字習得のために重要なことなのです。

「漢字ドリル音読」

活動内容

漢字ドリルの新出漢字の読みと、例文を大きな声で読む。１冊すべて読む。

手順

1　全員で、音読する場所を確認する。
2　教師の「はじめ」の声で一斉にスタートする。教師はタイムを計る。
3　１冊読み終わったら元気よく「はい！」と手を挙げ、教師にタイムを読み上げてもらう。
4　タイムをタイム記録用紙に記入し、「終わり」と言われるまで音読を続ける。

活動のポイントおよび解説

＊「しっかり声を出して、ダーッと読むこと」が大切です。声を出して読むことで、自分の声を聞き、目だけでなく耳からも覚えることができます。声を出すことは積極性などにもつながっていきます。また、ダラダラ読むのではなく、ダーッと勢いよく、素早く読ませます。素早く読めることは、「スラスラ」読めているということになりますし、活動を短い時間で何回も繰り返すことができ、効率的になるのです。

＊「終わったらすぐに2周目を練習すること」もポイントです。これは、早く終わる子のためでもありま

すが、読むのに時間がかかる子のためです。終わった子がシーンとしていたら、読むのに時間がかかる子はきっといたたまれなくなって読むのをやめてしまうでしょう。それではいつまでたっても読みを覚えません。ですので、「1回終わったらすぐにタイムを記録して、2周目を読む」というように指導しておかなくてはいけません。

「2周目を読む」ことを指導する際には、直接言うより、間接的に、「ショックを与える」ように指導することが重要です。

はじめて「漢字ドリル音読」をしたときのことです。案の定、一番早く読み終わった子はタイムを記録した後、読むのをやめました。そうなると、みんな読むのをやめていきます。そして、最後まで残った数人は、本当は読み終わっていないのに読むのをやめてしまいました。私は、

「今、『漢字ドリル音読』を頑張ったと自信もって言える人？」

と尋ねました。すると、子どもたちはほとんど全員が手を挙げました。たしかに声は出して読んでいたからです。そこで、一番はじめに終わった子を当てて、

「○○君、じゃあ何周目のどの漢字までいったのですか？」

と尋ねました。もちろん、1周しかしていないその子は答えられませんでした。

このように、「漢字ドリル音読」が終わったら、「頑張った人？」と聞くようにしました。そして、手を挙げた子を当てて、「何周目のどこまでいったか」を聞くようにしたのです。そうすると、終わってからも真剣に、1秒も無駄にせず、教師の「終わり」の声まで読み続けるようになりました。

学級全体がこのような雰囲気になってから、読むのに時間がかかる子に支援をしていきます。読むのが遅い子は、「文字言語と音声言語」の結びつきが弱く、ひらがなの読みが怪しい場合がほとんどです。したがって、授業外の時間での特訓も必要かもしれません。「て・に・を・は」指導と同じ要領で、まず、私が指差したひらがな一文字を瞬時に読み上げることから始め、次に単語、そして短文と進めていきます。これと並行して、「漢字ドリル音読」の特訓として、1冊すべてを音読させるのではなく、一文字を私がランダムに選び、その文字の読みと例文を瞬時に読ませる方法をとりました（この指導の過程は、「読むこと」の「スラスラ読みを目指して」を参照）。

これらを繰り返していくと、必ず読めるようになっていきます。この指導は、単に「漢字ドリル音読」の指導ではなく、「音読」の指導でもあります。

(2) 「漢字ドリル音読」の効果―驚異の「未習漢字読み正答率98％」―

たったこれだけで、本当に子どもは漢字を確実に読めるようになるのでしょうか。私は、担任した1年生のクラスで、漢字ドリル（上）を配布してから、ほぼ毎日この実践を行いました（本校で採用している漢字ドリルは、教科書と対応しており、新出漢字が教科書の単元ごとにまとまって、教科書の単元と同じ配列になっています。おそらく全国的に見て至極一般的なものでしょう）。教科書単元の学習が漢字ドリル（上）の真ん中ほどまで来た11月のある日、

①「漢字ドリル（上）に載っている既習単元の漢字」
②「漢字ドリル（上）に載っている未習単元の漢字」
③「漢字ドリル（下）に載っている漢字」
④「2年生で習う漢字」

のそれぞれから3文字ずつ無作為にピックアップし、抜き打ちで漢字の読みテストを行いました。上の表はそれぞれの漢字の読みの正答率です。なお、漢字ドリル（下）はまだ配布しておらず、「漢字ドリル音読」を行ったのは漢字ドリル（上）だけです。

漢字の種類	正答率（%）
漢字ドリル（上）に載っている既習単元の漢字	100
漢字ドリル（上）に載っている未習単元の漢字	98
漢字ドリル（下）に載っている漢字	64
２年生で習う漢字	20

最も「漢字ドリル音読」の効果が表れているのは「漢字ドリル（上）に載っている未習単元の漢字」の正答率です。まだ授業で扱っていない教科書単元の漢字の読みの正答率が98%でした。３つの漢字の中で2つは全員正解、ひとつは2人が不正解でした。

漢字ドリル（下）はまだ配布していないにもかかわらず、「漢字ドリル（下）に載っている漢字」の正答率も思いの外高いという結果になりました。これはクラスで取り組んでいる「教科書暗唱」の成果であると考えられます。しかし、64％の子しか正答していないところを見ると、「漢字ドリル音読」はより確実に、そして学習の苦手な子どもにも漢字の読みを習得させることができるのです。

このように「漢字の読み」を確実に習得させると、「漢字習得」の基盤ができあがり、その後は確実に書けることにつながっていきます。読むことができ、毎日「漢字ドリル音読」で目にする漢字は、ほとんどの子にとって「慣れ親しんだ漢字」になり、何も見なくても「大体の形」はイメージできるぐらいになっているはずです。すなわち、先に挙げた「漢字習得」のステップのうち、2ステップをすでにクリアしているということになります。あとは「とめ、はね、はらい」など細かいところをきちんと練習させることで、書けるようになるのです。つまり、新出漢字を学習しようとするときに、本当に「はじめて見る漢字」として学ばせるのではなく、あらかじめ「読める漢字」「よく見る漢字」というスタートラインから学ばせることで習得しやすくさせるのです。

(3)　「漢字ドリル音読」がもつフラッシュカード効果

「漢字ドリル音読」は、低学年、特に1年生の漢字の読み習得に最適です。教科書の巻末にある漢字一覧を高速で音読する方法などと比べ、次のような特徴があるからです。

・漢字ドリルは「書く」ことを目的につくられているため、ひとつひとつの文字が大きく、読みやすいこと。
・ページをめくることでフラッシュカードのような、集中を持続させる効果を期待できること。
・漢字ドリル丸ごと「1冊」を読むので、達成感を得やすいこと。

事実、私は1年生を対象に「漢字ドリル音読」と「教科書巻末漢字一覧音読」との2種類を試しましたが、「漢字ドリル音読」のほうが子どもたちは集中し、熱中しながら取り組みました。教科書巻末漢字一覧だと、字が小さく、読みにくいことが原因です。その点、「漢字ドリル音読」は文字も大きく、1年生にとってふさわしいのは明白でした。

当初は、「ページをめくる」のが煩わしいのではないか、という考えがあり、その点においては、「漢字一覧」のほうが優れていると考えていました。しかし、国語の授業を見ていただいた同僚の先生から、「あの漢字ドリルを音読する活動は、フラッシュカードのような効果がありそうですね」と言われ、ハッとしました。確かに、「自分でめくる」フラッシュカードのようです。ページをめくるたびにリフレッシュされた気分で、飽きることなく読み進めることができるのです。この点においても、「漢字ドリル音読」のほうが優れていたのです。

ただし、クラスには必ず不器用で、ページをめくるのが苦手な子がいます。その子への支援は必ず必要です。次項でそんな「ページをめくるのが苦手な子」のための活動も紹介しますが、大前提として、「漢字ドリル音読」は、

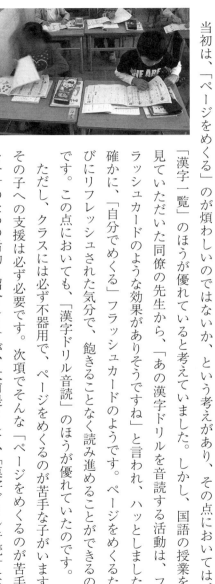

ドリルを机に置いて行うのを基本形としましょう。持つよりも置くだけでめくりやすくなります。

そして、「漢字ドリル音読」は、「ドリル１冊」読み切るので、終わった頃には子どもには達成感が残ります。しかも、速い子だと１冊に１分を切るので、仮に「漢字ドリル音読」の時間を５分とると、「漢字ドリル音読」を５周もすることになります。これは、成長や自分の頑張りを「可視化」するといえるでしょう。１年生の子どもは必ず熱中しますので、ぜひお試しください。

(4) 「漢字ドリル音読」のレパートリー

効果の高い「漢字ドリル音読」ですが、繰り返しているとだんだんと飽きてきます。マンネリ化を防ぐための「漢字ドリル音読」のレパートリーを紹介します。

○一人読み

この一人読みがすべての基本です。おススメは国語の授業のはじめにこの時間を設定し、毎日タイムを計り、記録していくことです。日に日にタイムが縮まり、子どもたちも一生懸命取り組みます。

○班でリレー読み

班のメンバーで一文字ずつ読んでリレーしていく方法です。今どこを読んでいるのかをよく聞く力と集中力の高まりも期待できます。また、班の結束も高まります。

私のクラスでは、班でリレー読みをする前に自然発生的に「えいえいおー」と円陣を組む班が出てきました。この活動も、班で1周読み終わったら、他の班が終わるまで、次は個人で読んで練習する時間にするよう指導する必要があります。

○一人が代表で読み、周りはチェックをする

活動を繰り返し、ある程度読めるようになってきたら、「代表で一人でやってみたい人？」と尋ねます。そして、その中から一人を選び、代表で「漢字ドリル音読」をさせ、他の子どもにはそのミスをチェックさせるのです（教科書暗唱のチェックと同じ要領です）。

「聞く側」の子どもは、「集中力」や「聞く力」の高まりが期待できます。また、「ダーッと読めない子」や「大きな声で読めない子」、「ページをめくるのが苦手な子」の練習にもなります。聞きながら追いかけていくということは、心の中で自分も読みながら、目で文字を追っていくことになります。結果的に、心の中で代表の子と一緒に読むことになるのです。ページをめくる練習にも当然なります。

「読む側」の子どもは、いつもの「漢字ドリル音読」に負荷を加えた状態で行うことになります。友達が聞いているというプレッシャーの中、スムーズに読むことが要求されるからです。

他にもレパートリーはたくさん考えられます。教室の子どもたちと一緒に見つけてください。

(5) 漢字ドリルのチェックは徹底的に厳しくする

「漢字ドリル音読」で「読み」を確実にしたら、次は「書けるように」していきます。

まず大切なのは、「チェックを徹底的に厳しくする」ことです。この「厳しさ」から、子どもたちは「とめ・はね・はらい・長短」など、漢字の細部への注意をするようになっていきます。

1ページすべての字が、濃く、大きく、きれいに書かれていなければ、絶対にOKを出してはいけません。そして、書かれている字がOKとなったら、次は書き順をチェックしましょう。その場で空書きさせて、合っていればそのページはクリアです。間違っていれば不合格で練習し直しです。

また、授業中に漢字ドリルを行ったり、宿題にしたりすると思いますが、字形と書き順のチェックだけは、授業中もしくは空いている時間に教師から「一対一」で受けないといけない、というシステムにしましょう。ダメなところの指導は、「理詰め指導法」です。

このような方法でドリルを進めていくと、進度に個人差が出てきます。そこで、宿題にするにしても学校で時間をとって進めるにしても、「自分のペースで進めてよい」ということにしたほうがいいです。そのほうがむしろ子どもたちは燃え、「早く先生から合格もらってやるぞ！」とヤル気を出します。ただし、「この日までに終わらせる」という期限は設けましょう。

○漢字ドリルのシステム（群馬の深澤久先生のご実践を参考にしています）

・チェックは1ページごとに教師から一対一で受ける。
・チェックは厳しく！
・字と一緒に書き順もチェックする！
・進めるスピードは自由。
・宿題でも学校で時間をとってやってもよい。しかし、1冊を終える「期限」は設けること。

(6) 学年末まとめ漢字テストで主体的に学ぶ子を育てる

漢字ドリルのチェックを徹底的に厳しくするだけでも、相当子どもたちは字の書き方を覚えますが、さらに書けるようになる「秘策」があります。

それは、1年間で学ぶ漢字すべてが出題されるまとめテストを作成するか、採択した業者テストに、もしそのテストがあれば、それをたくさんコピーしておき、どんどん希望者に受けさせるのです。このテストは、学年末に行う50問テストのようなものではありません。文字通り、「学んだ漢字すべて」が出題されるテストです。自分で作成しても、業者テストの中にあればそれを使っても、それから著作権フリーの教材集のものをコピーして使っても構いません。とにかく、その年に学習する漢字すべてが載っているテストです。

それをどんどん「希望者」に受けさせます。決してこちらからは声をかけません。このテストの意義は、「自分が書けない漢字を明確にする」ということです。これは、子どもたちにはっきり伝えます。

1年生でも6年生でも、一人一人知っている漢字の量は様々です。習った字しか知らない子も当然いれば、その反対にもうほとんど書ける子もいることでしょう。そのような「バラバラ」の状態の子たちに、画一的に「今日は○という字をノートに練習してきなさい」といって宿題を出すのは、非効率的ですし、子どもの意欲を削ぎます。そうではなく、「自分が書けない字」を主体的に練習させるのです。

ちなみに、私のクラスでは1年生で学習する漢字一覧テストを「漢字80」と呼んでいました（1年生で学習する漢字の数が80文字だからです）。「漢字80」のシステムは次の通りです。

○「漢字80」のシステム

・「『漢字80』を受けさせてください」と言えば、誰でも、ドリルが終わっていなくても受けられる。
・「漢字80」は家に持って帰らず、学校で行う。
・「漢字80」は終わったらすぐに提出し、採点を厳しく受ける。
・「漢字80」で間違えたところは、漢字練習ノートに最低5回きれいに練習する。そのノートを教師に見せ、書き順チェックを受ければ、もう一度「漢字80」を受けることができるようになる。
・書かれている字がすべて正しければ、その場で書き順のチェックを数文字受ける。それが合っていれば晴れて合格。

・合格すると、2年生の漢字一覧をもらい、その学習に取り組める。
・ただし、「漢字80」合格者が普段の漢字5問テストや業者テストで漢字を間違えると、「2年生の漢字を学習する権利」を失う。
・権利を失った場合、もう一度「漢字80」を受け直し、合格すると、また「2年生の漢字」を学習することができる。

このようなシステムのもと、漢字学習を進めました。最終的に「漢字80」合格者はクラスの9割ほどに達しました。そして、2年生の漢字をすべて書けるようになった子が5人。3年生の漢字をすべて書けるようになった子も2人いました。1年生の漢字のまとめテストは抜き打ちで平均98点でした。

▲給食を早く食べ終え、漢字学習をする子ども。漢字がとても苦手だった子です。

何より、漢字を自主的に学習する子がほとんどでした。空いた時間があれば漢字を学習していました。子どもたちが「主体的に」漢字学習に取り組むシステムの構築が重要なのです。

(7) 子どもを漢字好きにする指導法

最後に、子どもたちを「漢字好き」にする、1年生なのにたくさん漢字を知っている「漢字博士」にする取り組みを紹介します。

自分だけの漢字ドリルをつくろう！

活動内容

「漢字ドリル音読」の「クラス基準タイム」を決め、それをクリアした子に、「習っていない読み方」や「それを使った例文」をドリルに足させる。

活動のポイントおよび解説

１年生の漢字ドリルには、教科書で使われている読み方しか書かれていません。そこに、習っていなくても知っている読み方や、辞書（辞書の使い方は教えませんが、漢字に対する熱が高まってくると、自然と子どもが使うようになったり、使いたがったりするようになります）を使って調べさせ、書かせます。例文も書き入れることによって、漢字の「様々な使い方」を学ぶことができます。漢字の様々な使い方を知るということは、先に挙げた「漢字習得のステップ」（162ページ）の４段階から５段階に当たります。そして、この書き足した読み方と例文も、毎日の「漢字ドリル音読」で読ませるようにします。すると、どんどん漢字の様々な使い方に慣れていくのです。写真のように、友達から教わるのもよいでしょう。

連絡帳オール漢字にチャレンジ！

活動内容

連絡張をすべて漢字で書くことに挑戦する。

活動のポイントおよび解説

連絡帳は朝学校に来たらすぐに書かせます。昼休みや授業時間に書くのは時間がもったいないからです。そして、「1時間目国語」は、「1こ」と省略させず、「1こくご」と書かせます。連絡帳を書くということでも書く力は鍛えられるからです。そのうち、「知っている漢字は、漢字で書いてごらん」と声をかけます。写真のように、「オール漢字」で書いてくる子も少なくありません。連絡帳を通してでも、漢字を学習させることができるのです。

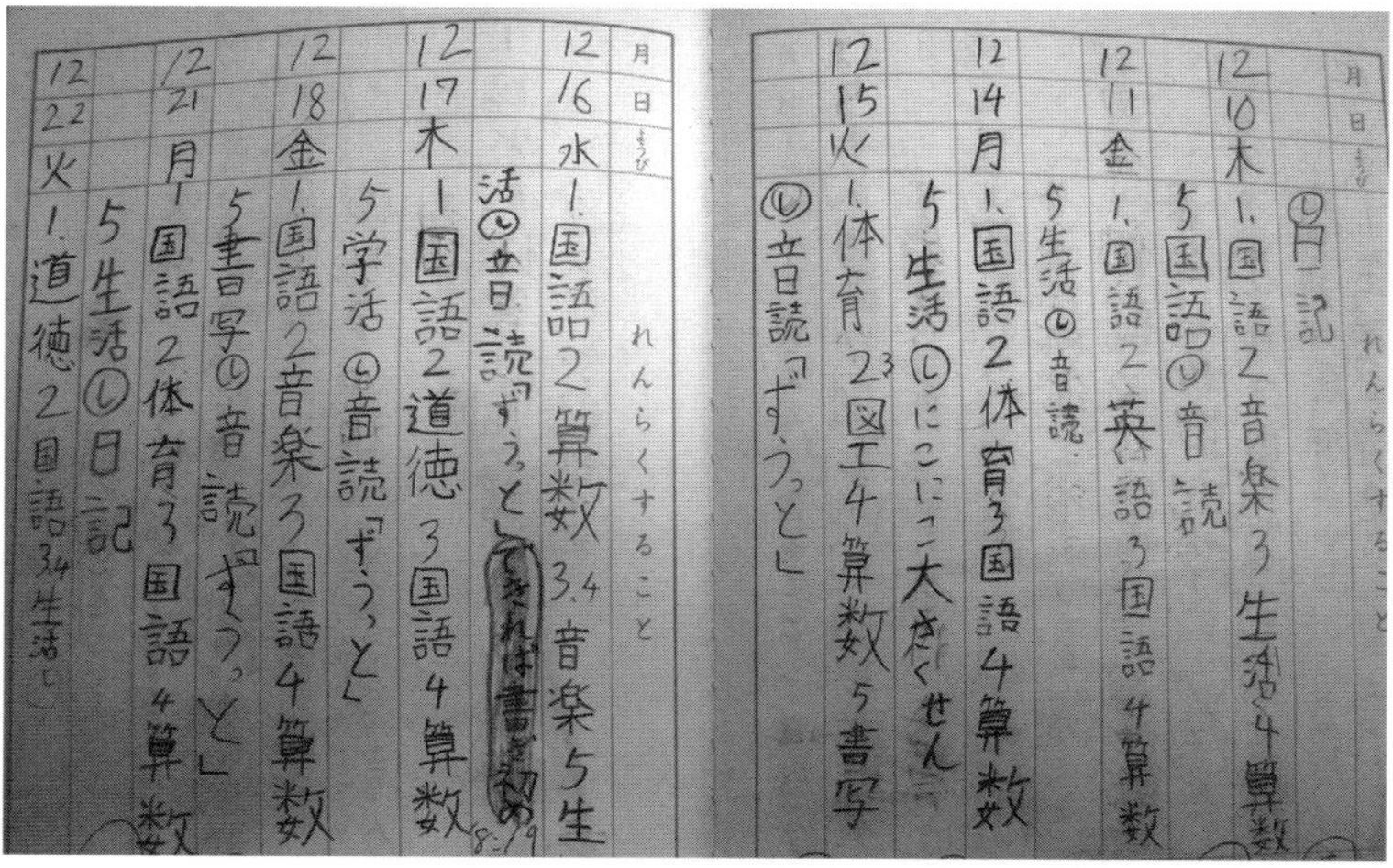

テストを漢字だらけにしよう！

活動内容

国語テストに書かれているひらがなを直せるものは漢字に直す。

活動のポイントおよび解説

１年生はテストも簡単で、時間が余るものです。特に、学力の高い子ほど、すぐにできてしまって、物足りない思いがあります。そんな子たちには、「書ける漢字は、書いてごらん」と指示します。やり方は、自分が「漢字で書ける！」と思うひらがなに線を引き、漢字に直すだけです。あくまでも、「やりたい」子がやればいいというルールにします。

国語だけでなく、算数など他教科のテストでも使えます。この方法を取り入れると、今までテストを一番はじめに終えていた子が、最後に終えるようになります。学力差から生じる「時間差」は「適切な学習課題の軽重」で埋めていくのです。

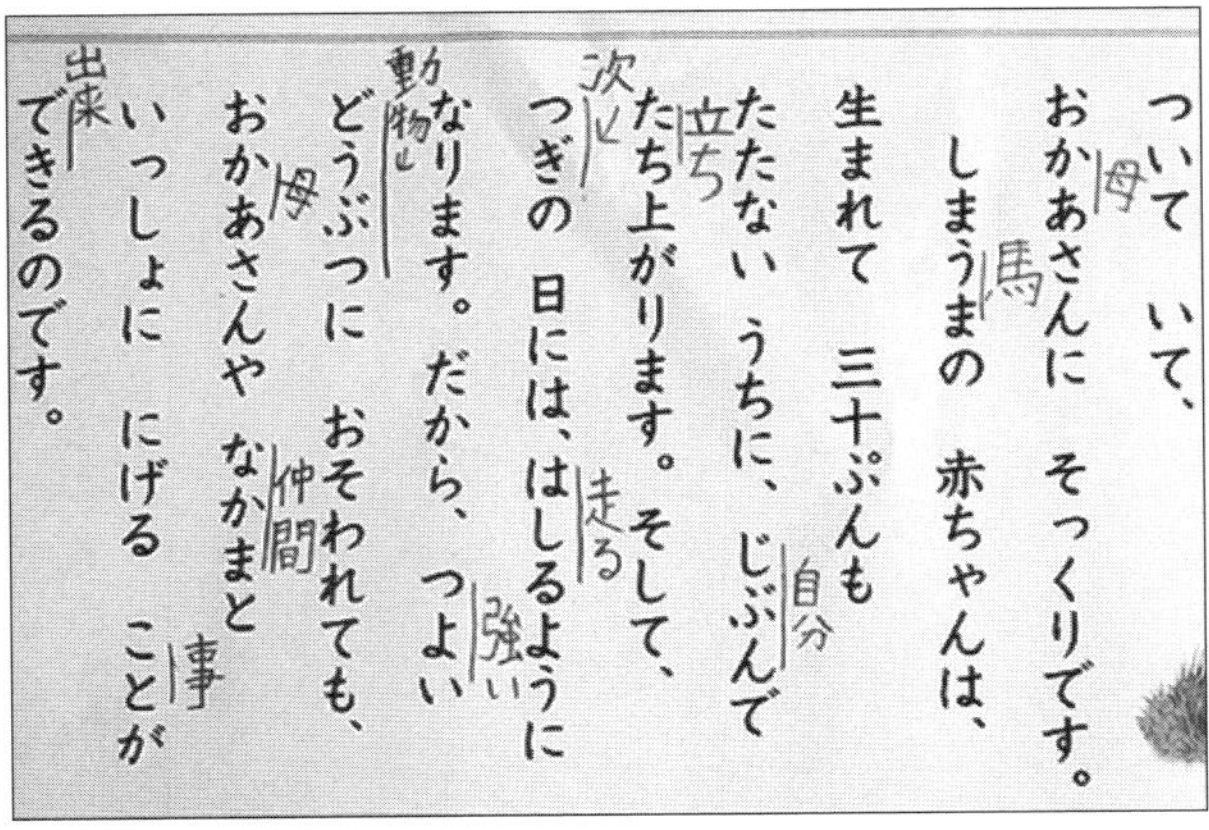

ますいみつこ「どうぶつの赤ちゃん」『こくごー下』（光村図書）

おわりに

「1年生だからといって甘く見てはいけませんね。わが子を見ていてそう思います」

このように声をかけてくださったある保護者の方は、教科書1冊を悠々と諳んじる愛娘の姿を見てそう思ったそうです。

「1年生だからといって甘く見てはいけない」

私もこの保護者の方と同意見です。むしろ、教師はそのような気持ちで日々子どもたちと接するべきだと思います。

1年生ほど「伸びる」学年はありません。
1年生ほど「変わる」学年はありません。
つまり、
1年生ほど「やりがいのある」学年はありません。
そして、このように感じさせてくれた、すばらしい子どもたちに心から感謝しています。

本書が、手に取ってくださった先生方の、明日からの実践、新年度からの実践の「勇気」「やる気」になれば幸甚の至りです。

このように、私が自分の教育実践をまとめ、１冊の本として世に問うことができる日が来るなんて、夢のまた夢でした。

すべては、大学時代から私に国語科教育研究や教師として生きていくことの「楽しさ」「面白さ」を身をもって教えてくださった恩師石丸憲一先生との出会いがきっかけです。石丸先生からは、教師になった今でもたくさんの指導や助言をいただいています。「研究者として、実践者として、独り立ちしなくては……」と思いつつもまだまだ教えていただこう、吸収させていただこうと思っています。今までありがとうございます。そしてこれからもよろしくお願いいたします。

私の教育活動、研究活動の「根幹」になっている「国語教育探究の会」の代表、長崎伸仁先生にも多大なご指導を賜っています。本書での指導の方向性、特に「読むこと」などは長崎先生から学ばせていただいたことがほとんどです。本当にありがとうございます。

群馬の深澤久先生。先生から学ばせていただいたことが本書の中にはいくつもあります。自らの哲学をもち、教育実践を創り出していくことにこだわり、これからも実践していきます。今後ともどうぞよろしくお願いいたします。

最後に、私のような無名の若手教員に出版の機会を与えてくださり、様々な激励、助言を賜った明治図書の林知里様。林さんのおかげで、何度もくじけそうになりながらも、楽しく執筆することができました。この場をお借りして、感謝申し上げます。ありがとうございました。

そして、この本を手に取ってくださった先生方。いつの日かお目にかかって一緒に学ばせていただくことを楽しみにしております。ありがとうございました。

土居　正博

【主な引用文献・参考文献】

安次嶺隆幸『1年生のクラスをまとめる51のコツ』東洋館出版社、２０１５年

井上尚美『国語の授業方法論―発問・評価・文章分析の基礎』一光社、１９８３年

井上尚美『国語教師の力量を高める』明治図書、２００５年

市毛勝雄「音読のねらいは進化している」(『教育科学国語教育』２００２年6月号)

大前暁政『プロ教師直伝！　授業成功のゴールデンルール』明治図書、２０１３年

桂聖『国語授業のユニバーサルデザイン』東洋館出版社、２０１１年

桂聖『なぞらずにうまくなる子どものひらがな練習帳』実務教育出版、２０１２年

教育科学研究会・国語部会『一年生のにっぽんご上・下改訂版』むぎ書房、１９８７年

吉川芳則編著『説明文の論理活用ワーク　低学年編』明治図書、２０１２年

古関勝則『すぐつかえる学級担任ハンドブック小学校1年生』たんぽぽ出版、２００４年

西郷竹彦『ものの見方・考え方―教育的認識論入門』明治図書、１９９１年

西郷竹彦監修『文芸研・新国語教育事典』明治図書、２００５年、p.11

佐々木陽子『クラスがまとまる　小学一年生　学級づくりのコツ』ナツメ社、２０１３年

汐見稔幸『本当は怖い小学一年生』ポプラ社、２０１３年

自己調整学習研究会編『自己調整学習』北大路書房、２０１２年

杉渕鐵良『子どもが授業に集中する魔法のワザ！』学陽書房、２０１１年

杉渕鐵良『子ども集団を動かす魔法のワザ！』学陽書房、２０１０年

杉渕鐵良・ユニット授業研究会編著『全員参加の全力教室』日本標準、２０１４年

俵原正仁・原坂一郎『若い教師のための1年生が絶対こっちを向く指導！』学陽書房、２０１５年
筑波大学附属小学校国語教育研究部編『筑波発読みの系統指導で読む力を育てる』東洋館出版社、２０１６年
長崎伸仁『説明的文章の読みの系統』素人社、１９９２年
長崎伸仁編著『表現力を鍛える説明文の授業』明治図書、２００８年
長崎伸仁・石丸憲一編著『表現力を鍛える文学の授業』明治図書、２００９年
長崎伸仁『新国語科の具体と展望』メディア工房ステラ、２０１０年
二瓶弘行『説明文の「自力読み」の力を獲得させよ』東洋館出版社、２０１５年
野口芳宏『野口流・国語学力形成法』明治図書、１９９８年
野口芳宏『子どもは授業で鍛える』明治図書、２００５年
野口芳宏『音声言語の学力形成技法』明治図書、２００１年
野口芳宏『作文力を伸ばす、鍛える』明治図書、２００５年
深澤久『鍛え・育てる　教師よ！「哲学」を持て』日本標準、２００９年
堀裕嗣『国語科授業づくり10の原理100の言語技術』明治図書、２０１６年
森田信義『認識主体を育てる　説明的文章の指導』溪水社、１９８４年
森田信義『「評価読み」による説明的文章の教育』溪水社、２０１１年
吉永幸司『「書くこと」で育つ学習力・人間力』明治図書、２００２年
吉永幸司『一年生担任の京女式国語の教育技術』小学館、２０１２年

【著者紹介】

土居　正博（どい　まさひろ）

1988年，東京都八王子生まれ。創価大学教職大学院修了。川崎市公立小学校に勤務。国語教育探究の会会員（東京支部）。全国大学国語教育学会会員。「深澤道場」所属。教育サークル「KYOSO's」代表。2015年，「第51回わたしの教育記録」（日本児童教育振興財団）にて「新採・新人賞」受賞。2016年，「第52回わたしの教育記録」にて「特別賞」を受賞。『教育科学 国語教育』（明治図書）などに原稿執筆多数。

クラス全員に達成感をもたせる！
1年生担任のための国語科指導法
―入門期に必ず身につけさせたい国語力―

2017年2月初版第1刷刊 ©著　者 土　居　正　博
2025年1月初版第13刷刊 発行者 藤　原　光　政
発行所 明治図書出版株式会社
http://www.meijitosho.co.jp
（企画）林　知里（校正）井草正孝
〒114-0023　東京都北区滝野川7-46-1
振替00160-5-151318　電話03(5907)6703
ご注文窓口　電話03(5907)6668

＊検印省略　組版所 共同印刷株式会社

Printed in Japan　ISBN978-4-18-189415-3